NATIONAL GEOGRAPHIC

MARRAKECH

Inhalt

Autorin: Jane Egginton
Aktualisierung: Sylvie Franquet
Redaktion: Dorothy Stannard
Design: Bookwork Creative Associates
Redaktion der Reihe: Karen Rigden

Übersetzung, Lektorat: Anne Pitz
Deutsche Bearbeitung: BW-Medien GmbH, Leonberg

Unsere Autoren haben nach bestem Wissen recherchiert. Trotzdem schleichen sich manchmal Fehler ein, für die der Verlag keine Haftung übernehmen kann. Hinweise, Verbesserungsvorschläge und Korrekturen sind jederzeit willkommen. Einsendungen an:

E-Mail: spirallo@nationalgeographic.de oder
NATIONAL GEOGRAPHIC SPIRALLO-Reiseführer
MAIRDUMONT GmbH & Co. KG,
Postfach 3151, D-73751 Ostfildern

Kartographie:
Global Mapping, Brackley, UK (www.globalmapping.uk.com) Copyright ©Global Mapping/Kartographie Huber/The XYZ Digital Map Company
Source: Marrakech, Cartoville Gallimard ©Gallimard Loisirs 2008
Covergestaltung und Art der Bindung mit freundlicher Genehmigung von AA Publishing

Herausgegeben von AA Publishing, einem Unternehmen der AA Media Limited, Fanum House, Basing View, Basingstoke, Hampshire, RG21 4EA, UK.
Handelsregister Nr. 06112600.

Farbauszug: AA Digital Department
Druck und Bindung: Leo Paper Products, China

A04789

Das Magazin

Zu einem tollen Urlaub gehört mehr als genüssliches Faulenzen am Strand oder Shoppen bis zum Umfallen – damit die Reise sich wirklich lohnt, muss man das Besondere seines Zieles kennen und schätzen. Im Magazin erfahren Sie kurz und unterhaltsam alles über Land, Leute, Kultur und was den unverwechselbaren Charme dieser Stadt ausmacht.

MARRAKECH
ALS INSPIRATION

Marrakech ist magisch und berauschend – besonders für Visionäre. Die Beatpoeten und Rockstars der Hippiebewegung der 1960er-Jahre haben sich im Dunst des Haschischs verloren und doch inspiriert die Stadt immer wieder die Kreativen – vom Künstler und Schriftsteller bis zum weltberühmten Innenarchitekten.

Mit einem Wort

Marrakech-Reisende erkennen noch heute die verzauberte Welt, die Edith Wharton in ihrem Buch *In Morocco* von 1920 beschreibt. Die Highsociety Autorin bereiste Marokko kurz vor Ende des Ersten Weltkriegs und schrieb dabei einen der ersten authentischen Reiseführer über das Land.

George Orwells Arzt verordnete dem an Tuberkulose erkrankten Dichter Wüstenklima und schickte ihn 1938 für sechs Monate nach Marrakech. Erwartungsgemäß handelt sein viel zitierter, aufwühlender Essay *Marrakech* von den Armen und Entrechteten der Stadt.

»An diesem blauen, wolkenlosen Nachmittag saßen wir auf dem Jemaa El Fna ganz vorne und sahen die Gnawa tanzen. Sie trugen mit Kaurimuscheln bestickte Kappen, die bei jeder Bewegung wie Glöckchen klingelten. Sie spielten ihre großen Trommeln und tanzten fast jeden Nachmittag auf diesem Platz.«
In Morocco, Edith Wharton

Seite 5: Farbenfrohe Teppiche in den Souks. Oben: Berber-Tänzer, Jemaa El Fna

Zwei Reiseklassiker wurden in den 1950er-Jahren geschrieben: *A Year in Marrakech* von Peter Mayne, der seine Erlebnisse während eines Jahres in der Medina mit einem Gusto für Liebestränke, Haschisch-Dinner, wilde Festivals und andere Intrigen der Stadt schildert. Nobelpreisträger Elias Canetti reiste 1954 mit einer Filmcrew nach Marrakech. In *Die Stimmen von Marrakesch* erzählt er die Geschichten der Händler, Bettler und Verrückten der Stadt auf großartige Weise nach.

Mit den Augen der Künstler

Künstler waren fasziniert von der Architektur der Stadt und der Landschaft und wurden von den lebendigen Farben, der vielen Sonne und dem beständigen Licht angezogen. Der britische Premierminister Sir Winston Churchill kam oft nach Marrakech. Die Stadt regte ihn zum Malen an und er liebte seine Suite im La Mamounia Hotel (► 70). In einem Brief vom 30. Dezember 1935 beschrieb er seiner Frau die Aussicht aus seinem Fenster:

»Der Blick über Orangen- und Olivenbäume, die Häuser und Stadtmauern des alten Marrakech mit der schneebedeckten Bergkette des hohen Atlasgebirges, das sich wie eine Mauer im Westen erhebt, ist wirklich beeindruckend.«

Die Lichter und Farben von Marrakech inspirieren bis heute einheimische und ausländische Maler und die Stadt ist Heimat einer blühenden modernen Kunstszene (► 26f).

Auch viele Fotografen haben bereits versucht, die Magie von Marrakech einzufangen. 1967 nahm Cecil Beaton hier einige ikonische Schwarzweiß-

Oben: Winston Churchills Ölgemälde *Marrakech*

Portraits der Rock'n'Roll-Legenden Mick Jagger und Keith Richards auf. In den 1990er-Jahren schoss der Modefotograf Albert Watson hier einige der verlockendsten Bilder von Marrakech und marokkanischen Frauen in seinem Buch *Maroc*.

MUSIKALISCHE INSPIRATION

Es geht die Legende, dass die morbide Festung in Essaouira Jimi Hendrix zu seinem Song *Castles Made of Sand* inspiriert haben soll. Aber diese Geschichte ist frei erfunden: Hendrix reimte die Strophen zwei Jahre vor seinem Besuch im Jahre 1969. Es war die einzige Urlaubsreise, die er je machte, und er verliebte sich in Essaouira.

Der Einfluss, den Marokko auf Cat Stevens hatte, war stark religiös geprägt. Um sich musikalisch inspirieren zu lassen, packte der Star 1972 seine Koffer, reiste nach Marrakech und konvertierte einige Jahre später zum Islam.

Cecil Beatons berühmtes Portrait von Mick Jagger, The Rolling Stones, in Marrakech

Tausendundein Film

König Mohammed VI. hat alles in seiner Macht stehende getan, um die Filmindustrie des Landes voranzutreiben. Orson Welles brachte den Stein ins Rollen als er seinen *Othello* (1949) vor der dramatischen Kulisse der Stadt Essaouira drehte. Hitchcocks *Der Mann, der zuviel wusste* (1955) beginnt mit einer 30 Sekunden langen Einstellung von Marrakech. Der berühmte Film zeigt James Steward mit Doris Day in La Mamounia (► 70) und ist ein Kompliment an diese prächtige Stadt. Seither floriert die marokkanische Filmindustrie.

Suzanne Cloutier und Orson Welles in *Othello*

Bernado Bertolucci hat sein Liebesdrama *Himmel über der Wüste* (1990) nach dem gleichnamigen Roman von Paul Bowles teilweise in Marokko gedreht.

Marrakech – Hideous Kinky (1998) nach dem halbautobiographischen Buch von Esther Freud und mit Kate Winslet erinnert farbenprächtig an Marrakechs Zeit der Blumenkinder. Der Film erzählt aus kindlicher Sicht von zwei Schwestern, deren Mutter auf der Suche nach spiritueller Erkenntnis ist und sie nach Marokko mitnimmt, obwohl die beiden lieber zur Schule gehen und ein geregeltes Leben haben wollen.

> »Marrakech erfindet sich ständig neu als Filmset.«

Martin Scorsese reizten nicht nur die marokkanischen Landschaften, sondern auch die niedrigen Produktionskosten. *Die letzte Versuchung Christi* (1988) drehte er an verschiedenen Orten in Marokko. In seinem Film *Kundun* (1997) stellt das Atlasgebirge das tibetische Hochland dar.

Marrakech erfindet sich ständig neu als Filmset. Teile von *Sex and the City 2* (2010) wurden in und um Marrakech gedreht, unter anderem im Club Nikki Beach (► 127), auch wenn die New Yorker angeblich in Abu Dhabi in Urlaub waren. In dem erschütternden Film *Machtlos* (2007) über die CIA-Praxis der außerordentlichen Auslieferung spielen einige Szenen in einer nicht näher benannten »Hauptstadt Nordafrikas«, allerdings erkennt man die Rote Stadt sofort in zahlreichen Straßenszenen.

Geflochtene Körbe, bunte Teppiche und Schlappen sind typische Souvenirs, die auf dem Rahba Kedima, auch bekannt als Place des Épices oder Gewürzplatz, angeboten werden

SHOPPING METROPOLE

Marrakech gehört neben New York, Bangkok und Hongkong zu den internationalen Shoppingmetropolen. Schnäppchenjäger kommen in Scharen, um Antiquitäten oder Hippie-Chic Accessoires zu ergattern, während Modedesigner und Innenarchitekten einfliegen, um die Straßen des Einkaufs-Mekkas nach neuen Ideen zu durchzukämmen.

Der Handelsplatz

Marrakech entstand im 11. Jh. aus einem Händlermarkt in der Wüste. Es entwickelte sich zur Hauptstadt eines riesigen Königreichs, das sich von Spanien über das Mittelmeer bis hin zum heutigen Senegal nach Westafrika erstreckte. Hier zwischen der Wüste und dem Gebirge trafen sich die historischen Karawanenrouten des Transsaharahandels und aus Timbuktu. Mit ihren Kamelen transportierten sie Gold, Salz und sogar Sklaven, die hier verkauft oder getauscht wurden.

Shopping-Genuss

In Marrakech (➤ 39, Erster Überblick) zu shoppen ist im Vergleich zu den immergleichen Fußgängerzonen und seichten Shoppingzentren Westeuropas wie eine frische Brise. In den Souks der Medina (➤ 52, Altstadtzentrum) finden Sie tausenderlei Geschäfte mit offener Ladenfront. Jedes einzelne führt Sie in eine Schatzkammer voller traditionellem Kunsthandwerk wie Lampen, Schmuck, exquisiten Teppichen oder Stoffen. In der Neustadt sind die modernen Boutiquen

Oben: Die traditionelle Tarija Trommel und das Saiteninstrument Lotar werden im Souk angeboten

Rechts: Tische im Schreinermarkt Souk Chouari

»Wo sich uralte Karawanenrouten aus Timbuktu trafen, entstand Marrakech«

(➤ 118) wahre Fundgruben. Ob Ethno oder exotisch, das Angebot an Modeartikeln und Designeraccessoires liegt stilsicher genau im Trend. Erfahrene Shopper teilen Ihre Zeit zwischen Medina und der mondäneren Neustadt oder auch Sidi Ghanem (➤ 123), dem Gewerbegebiet auf, wo viele hervorragende Designer ihre Geschäfte eröffnet haben.

Die Basare

Marrakechs Kunsthandwerk hat Tradition, Sie treffen hier auf Schritt und Tritt auf Werkstätten. Die Handwerker stellen kunstfertig filigranen Silberschmuck, Möbel und dekorative Objekte aus Holz sowie hübsche Laternen aus Blech her. In den Gerbereien (➤ 102, Nördliche Medina) können Sie sehen, wie aus Häuten Leder hergestellt wird. Das Verfahren hat sich seit dem Mittelalter – abgesehen von ein paar modernen Maschinen und dem Einsatz chemischer Farben – kaum verändert.

Die Souks sind heute auf Touristen spezialisiert: »Zwar werden die meist in Jellaba gekleideten Fremdenführer nie müde ihren Touristengruppen zu erklären, dass einst jedes Handwerk seinen Sitz in einem eigenen Souk hatte, doch im heutigen Marrakech sind die Gewerbe frei gemischt. Überall werden Souvenirs angeboten, es gibt Kupferlaternen und bunte Tonwaren in jedem Gässchen und sogar Cybernet im … Eier-Souk.« (*Men of Leather: The Tanners of Marrakech*, Justin McGuinness)

Der Markt

Die farbenfrohen traditionellen Märkte in und um Marrakech sind eine eigene Attraktion. Schon allein wegen der faszinierenden Einblicke in den Alltag lohnt sich ein Besuch. Die Einheimischen kaufen mehrmals pro Woche frische Lebensmittel auf dem Mellah-Markt (► 79, Südliche Medina), dabei prüfen sie die Qualität der Ware genau, ob Ziegenkopf oder Pfefferminzbonbons, und feilschen zäh um den Preis. Der Souk von Bab El Khemis (► 109) ist ein herrlicher Flohmarkt, insbesondere am Donnerstagmorgen.

Wenn Sie eine Fahrt zum Tizi-n-Tichka Pass in den Bergen (► 147, Ausflüge) planen, passen Sie den Markttag der Berber im kleinen Dorf Aït Ourir ab.

Hauskauf in Marrakech

Vor einigen Jahren durchlief Marrakech eine echte Bauwelle, aber seit der neuerlichen Wirtschaftskrise sind die Arbeiten dramatisch ins Stocken geraten. Französische Investoren kamen ursprünglich hierher, weil ein Palast so viel kostete wie ein Studio in Paris. Viele Europäer kauften historische Riads in der Medina als Wohnhäuser oder Hotels. Innerhalb weniger Jahren stiegen die Preise um das Zehnfache. Jetzt stehen aber zahlreiche Hotels und Häuser in der Medina wieder zum Verkauf. Viele Ausländer und wohlhabende Einheimische ziehen aus der Stadt in ruhigere Orte an der Küste oder auf Farmen ins Landesinnere: Agrotourismus ist ein wachsender Trend.

Das Geld der Touristen

Das Ziel der Regierung sind höhere Touristenzahlen für Marrakech und Marokko im Allgemeinen. Allerdings gibt es Bedenken wegen der Authenzität der Medina. Doch während sich die Neustadt den Bedürfnissen modebewusster, jüngerer Käufer anpasst, gibt es wenig Anzeichen, dass sich die traditionellen Einkaufsgewohnheiten in der Medina wandeln. Sie bleibt ein aufregender Marktplatz, der sicher auch noch in tausend Jahren existiert und seine Kundschaft anlockt.

KUNSTHANDWERK

Der malerische Badeort Essaouira (► 150f) bietet mehr als nur Sonne und Surfen – sein Kunsthandwerk genießt mit den besten Ruf in Marokko. In der lässigen Hafenstadt, die nur drei Autostunden von Marrakech entfernt ist, finden Sie echte Könner des Kunsthandwerks, die Möbel, Musikinstrumente und andere Objekte aus dem harten Holz der einheimischen Thuja mit filigranen Intarsien herstellen.

MOHAMMED VI.

MAROKKOS MUTIGER MONARCH

Marokkos Hoffnungsträger ist der junge König. Handel und Tourismus haben unter seiner Regierung Aufwind erhalten, sein oberstes Ziel ist die Bekämpfung der Armut, doch der Preis des Fortschritts wird auch kritisch gesehen.

In der Thronfolge

Die 38 Jahre währende Herrschaft von König Hassan II. war von Verschwendungssucht und gewaltsamer Unterdrückung geprägt. Mit seinem Tod begann 1999 eine neue Ära in der marokkanischen Monarchie. Mohammed Ben Al-Hassan, auch bekannt als Mohammed VI., bestieg den Thron im Alter von 36 Jahren und gilt als fortschrittlich, seine Frau ist Informatikerin.

In der ganzen Stadt

König Mohammed VI. lebt in der Hauptstadt Rabat, aber er besucht regelmäßig Marrakech und die anderen Königsstädte des Landes. Er ist der mächtigste Mann im Lande und besitzt nicht nur den Großteil des Grund und Bodens, sondern auch große Popularität beim Volk. Fotos des Königs verzieren Taxis, Geschäfte, Restaurants und viele andere öffentliche Räume.

In einem Interview des *Time Magazines* im Jahr 2000, ein Jahr nach seiner Thronbesteigung, zeigte die Antwort König Mohammeds VI. auf die Frage »Was sind die Probleme Marokkos?«, dass er die Herausforderungen seiner Regierung und die Probleme, die durch Jahrzehnte von Mangelinvestitionen entstanden sind, erkannt hat: »Unsere Hauptprobleme sind die Arbeitslosigkeit, die Landwirtschaft, die Trockenheit. Wir kämpfen gegen die Armut. Über diese Themen könnte ich endlos sprechen: Armut, Not, Analphabetismus.«

Gerechtigkeit und Wiedergutmachung

Während der Regierungszeit Hassan II. »verschwanden« Tausende in geheimen Gefangenenlagern und wurden gefoltert. Auch der Oppositionsführer Mehdi Ben Barka verschwand spurlos. König Mohammed VI. gründete die Instance Equité et Réconciliation (IER) zur Aufklärung der

König Mohammed VI. will die Lebensqualität seines Volks erhöhen

Menschenrechtsverletzungen aus jener Zeit. Dieser von vielen begrüßte und für die arabische Welt ungewöhnliche Schritt enthält aber Einschränkungen: Die Täter sollen namentlich nicht genannt werden und die Regierung behält sich das Recht vor, die freie Meinungsäußerung zu beschränken.

Mutiger Monarch?

Der junge König hat viel gewagt. Er hat Gehilfen seines Vaters entlassen, er hat die Rechte der Frauen gestärkt und er bezahlt sogar seine Rechnung selbst, wenn er im La Mamounia speist. Doch seine Monarchie unterscheidet sich von der konstitutionellen Monarchie westlicher Prägung: Er ernennt den Ministerpräsidenten und die Abgeordneten. Kritik an der Monarchie ist verboten und wird mit Gefängnisstrafe geahndet. Als Nachfahre des Propheten Mohammed ist er der unantastbare »Führer der Gläubigen«. Er ist äußerst beliebt und tut viel, um sein Land für den Tourismus attraktiv zu machen und die Landwirtschaft, das Textilgewerbe und die Filmindustrie anzukurbeln.

EIN KÖNIGLICHES HOTEL

Um seinem Land zu zeigen, wie es gemacht wird, eröffnete der König 2010 sein eigenes Hotel in Marrakech. Das Royal Mansour liegt auf einem 3,5 Hektar großen Gelände innerhalb der Stadtmauern und ist eine elegante Komposition aus traditionellen Riads und herrlichen Gärten mit einem großartigen Spa um einen zentralen Empfangsbereich. Es steht für das Beste, was die marokkanische Gastfreundschaft und Handwerkskunst zu bieten hat (www.royalmansour.com).

DIE BERBER

und der Pascha von Marrakech

Die ursprünglichen Einwohner Marokkos (seit 3.000 v. Chr.) sind die Berber. Einige von ihnen haben helle Haut, blaue Augen und blondes Haar. Länger als ein Jahrtausend war ihr Bild bestimmt von fantasievollen Geschichten über wilde Nomaden. Ihre wahre Geschichte ist allerdings noch viel faszinierender.

Was verrät der Name?

Schon die Bezeichnung Berber, die sich vom römischen Wort für »Barbar« ableitet, ist irreführend. Sie hat nichts mit diesem freundlichen Bergvolk gemeinsam, dessen reiche Kultur und freigiebige Gastfreundschaft die Besucher des Atlasgebirges (► 142, Ausflüge) stets beeindruckt. Diese freiheitsliebenden Menschen nennen sich selbst *Imazighen* oder »Freie« und mit einem Augenzwinkern rufen sie westlichen Touristen gern ein »Arrumi!« zu, was »Römer!« bedeutet.

Obwohl 60 % der 30 Millionen Einwohner Marokkos von Berbern abstammen, sind die Amtssprachen nur Arabisch und Französisch. Dank der aktiven Amazigh-Bewegung und der Unterstützung des Königs

ndern sich die Dinge allerdings jetzt. Das Royal Institute of Amazigh hat ie Schaffung eines Alphabets überwacht, das teilweise auf den Tuareg-Zeichen auf Gräbern und Monumenten beruht. Außerdem wird Amazigh unehmend in Schulen und auch Universitäten unterrichtet.

Die Geschichte

Einige Berber waren und sind Juden, während andere zum Christentum übergetreten sind, obwohl ihre strenge Doktrin von der Kirche als ketzerisch betrachtet wurde. Die meisten Berber sind allerdings Muslime und in den Bergregionen finden sich heute zahlreiche Moscheen. Zwei der einflussreichsten marokkanischen Berber-Dynastien, die Almoraviden und Almohaden, beherrschten im 11. und 12. Jh. ein gewaltiges Reich. Sie waren Nomaden und etablierten maßgeblich die Karawanenrouten. Heute leben die meisten von ihnen als Bauern in den ländlichen Gebieten des Atlas.

> »Die ehemaligen Nomaden etablierten die Karawanenrouten«

Romantisch verklärt

Die vielen verschiedenen Stämme machen es schwer, »den Berber« zu charakterisieren. Manche verdienen Geld damit, Touristen ihre Bräuche zu präsentieren, wie beispielsweise beim Heiratsmarkt in Imilchil (➤ 42, Erster Überblick). Hier sind oft die Teleobjektive von Touristen und Bildreportern aus aller Welt in der ersten Reihe zu sehen, während die Angehörigen der Brautleute durch Barrieren auf Distanz gehalten werden.

Links: Berberische Musikanten in Essaouira. Oben: Fremdenführer aus Aït Benhaddou und eine Frau in der traditionellen Tracht des Hohen Atlas

Ausblick

Obwohl die Berber oft in unwirtlichen Gegenden mit schlechter Infrastruktur, medizinischer Versorgung oder Wassermangel leben, beharrt dieses Bergvolk auf seiner Lebensart. Die Amazigh-Stämme haben ein reiches architektonisches und kulturelles Erbe, das in informellen Festen und Feiern in den Bergen seinen Ausdruck findet und in den Museen von Marrakech insbesondere im Dar Tiskiwin (➤ 84, südliche Medina) dokumentiert ist. Im Januar 2010 ging in Marrakech der erste Amazigh-Fernsehsender auf Sendung, der Beiträge in den unterschiedlichen Amazigh-Dialekten zeigt.

Inspiriert durch ihre Fortschritte bei der Förderung ihrer Kultur und die Unterstützung von Regierungsbehörden, träumen einige Amazigh inzwischen sogar davon, dass ihre Sprache eines Tages Arabisch als offizielle Landessprache ablösen wird.

Der Unterricht in ihrer eigenen Sprache bietet seit kurzem vielen Berberkindern völlig neue Zukunftsperspektiven

DER PASCHA VON MARRAKECH

Zu Beginn des 20. Jhs. war Marokko ein mittelalterlicher Feudalstaat, der von Sultan Mohammed V. regiert wurde. 1912 beschnitt die französische Kolonialmacht den Einfluss des Sultans und ernannte einen Pascha (Vizekönig), von dem man sich Loyalität zu Paris versprach. Die Wahl fiel auf T'hami El Glaoui, den Clanführer eines Berberstammes. In den darauffolgenden 40 Jahren spielte Glaoui, unterstützt durch seinen Bruder Madani, die Franzosen und den Sultan immer wieder gegeneinander aus. Seine zahlreichen – auch illegalen – Geschäfte verhalfen ihm zu sagenhaftem Reichtum.
Als Freund Sir Winston Churchills war er 1952 zur Krönung von Königin Elizabeth II. in London geladen. Die extravaganten Feste in seinem Palast in Marrakech waren berüchtigt: »Nichts war unmöglich – Europäer und Amerikaner probierten Hasch und Opium … alle Wünsche wurden erfüllt, ganz gleich, ob es Diamantringe, Goldgeschenke oder Sex mit Mädchen und Jungen aus dem Atlas waren.« (*Lord of the Atlas*, Gavin Maxwell)

LAND GOTTES

Der Name Marrakech kommt möglicherweise aus der Sprache der Berber. *Mur(n)akuch* bedeutet »Land Gottes«. In Marrakech wie in ganz Marokko spielt der Islam im täglichen Leben eine zentrale Rolle. Das Minarett der Koutoubia Moschee (➤ 48), von dem fünf Mal täglich über die Dächer zum Gebet gerufen wird, dominiert die Skyline. Um die religiösen Zusammenhänge der Baudenkmäler, Klänge und des Lebens in der Stadt zu verstehen, sollten Sie ein paar Dinge über den Glauben wissen.

Das Werk Gottes

Im Islam gibt es keinen Gott außer Allah, der einzig und allmächtig ist. Allein sein Werk ist unfehlbar. Die Innenräume prachtvoller königlicher Paläste wie des El Badii (➤ 73, Südliche Medina) sind mit erlesenen Fliesen dekoriert. Die Kunsthandwerker fügten absichtliche kleine Fehler ein um so auf die Unfehlbarkeit Allahs hinzuweisen. Der Islam lehnt die Bildverehrung ab, daher gibt es weder Bilder von Allah, Mohammed, Menschen, noch von Tieren. Stattdessen werden florale Motive, geometrische Muster und Kalligrafien verwendet – sehr schön zu sehen in der Koubba Almoravide (➤ 98, Nördliche Medina) aus dem 12. Jh.

Rechts: Die beeindruckende Koutoubia Moschee im traditionellen Stil der Almohaden

Die teilweise zerstörte Tin Mal Moschee ist auch Nicht-Muslimen zugänglich

ISLAM FÜR KINDER

Im Westen wird der Islam leider oftmals mit den Horrornachrichten und Bildern von Krieg und Terror in Verbindung gebracht. Erklären Sie Ihren Kindern die heiligen »fünf Säulen« des Islam und zeigen Sie ihnen Zusammenhänge mit dem Leben vor Ort auf.

- **Glaubensbekenntnis** Muslime glauben wie Christen an einen Gott – sie nennen ihn Allah. Muslime bestärken ihren Glauben an Allah, indem sie ihre Überzeugung ins Gespräch einflechten, daher hören Sie häufig den Namen Allah. Mohammed war der Prophet Allahs.
- **Gebet** Fünf mal täglich verrichten Muslime ihr Gebet. Das wichtigste findet freitags mittags in der Moschee statt. Wenn der Ruf des Muezzin vom Minarett ertönt, zieht ein Menschenstrom in Richtung Moschee.
- **Wohltätigkeit** Muslime verpflichten sich zu Geldspenden. Deshalb warten viele Arme und Bedürftige in der Nähe der Moscheen auf Almosen.
- **Fasten** Das Fasten im Fastenmonat Ramadan soll den Geist reinigen und für Allah frei machen. Dieser Brauch ähnelt der christlichen Fastenzeit.
- **Pilgerfahrt** Beim Gebet wenden sich alle Muslime gen Mekka, dem Geburtsort des Propheten Mohammed. Muslime, die an einer *haddsch* (Pilgerfahrt) nach Mekka teilgenommen haben, genießen besonderen Respekt und sind an ihren gelben Hüten oder Halstüchern zu erkennen. Das Geschlecht des heutigen Königs von Marokko stammt vom Propheten ab.

n Kern tolerant

larokko ist heute vorwiegend muslimisch, doch einst war in Marrakech ie größte jüdische Gemeinde innerhalb der arabischen Welt beheimatet nd in jeder Straße der Mellah, dem alten jüdischen Viertel (► 78, Südche Medina), stand eine Synagoge. Unter französischem Einfluss wuren auch christliche Kirchen erbaut, wie die Église des Saints-Martyrs ► 122, Neustadt). Im Zeichen geistiger Toleranz fördert König Mohamned VI. eine gemäßigte Interpretation des Korans und die friedliche oexistenz der Religionen.

abus

nders als in Ägypten und der Türkei dürfen Nicht-Muslime religiöse ebäude in Marokko zumeist nicht betreten. Die Moscheen und Heiligtüner in Marrakech dürfen nur von Muslimen betreten werden. Für alle offen ind die Koranschule Medersa Ben Youssef (► 100, Nördliche Medina) nd die Ruine der Moschee Tin Mal im Atlasgebirge (► 144, Ausflüge).

ouristische Fehltritte

ypisch westliche Urlaubskleidung wie kurze Hosen und ärmellose lemden werden gar nicht gern gesehen. Achten Sie darauf, sich angemessen zu kleiden (Schultern und Knie bedeckt) und Körperkontakt vie Küsse oder Händchenhalten in der Öffentlichkeit zu vermeiden. Beachten Sie im Ramadan (► 156, Nationalfeiertage) das Gebot, bei Tageslicht nicht zu essen, zu trinken oder zu rauchen. Alkohol ist im slam verpönt, wird hier aber toleriert. Es gibt etliche Cocktailbars in der Neustadt, doch in der Nähe einer Moschee ist der Genuss von Alkohol verboten.

FRAUEN UND DER KORAN

Es begann 2006 mit der Weihe von 50 weiblichen *mourchidats*, »weiblichen Pfarrern«, die in marokkanischen Moscheen Koranunterricht für Frauen geben. Wie bei vielen anderen Religionen sind auch im Islam die geistlichen Vertreter überwiegend männlich. Der Schritt des Königs war gewagt (► 14). Er hat erkannt, dass extremistische Ideen vor allem bei Menschen mit geringer Bildung fruchten, und dass zwei Drittel der Marokkanerinnen nicht lesen können. Die Predigerinnen vertreten einen gemäßigten Islam und holen die Frauen aus ihrer gesellschaftlichen Isolation. Weitere familienrechtliche Reformen der Scharia stellen Frauen in der Ehe gleich und geben ihnen das Recht auf Scheidung.

Die Aromen der Stadt ...

KULINARISCHE TOUR

Marokkanische Gerichte gehören zum Besten was die nordafrikanischen Küche bietet und hat den Weg in weltberühmte Restaurants gefunden. Marokkanische Rezepte sind international begehrt. Eine junge Generation von Chefköchen, einige mit Sternen des Guide Michelin ausgezeichnet, bereichern Marrakech mit dem Niveau der Haute Cuisine.

Slow Food

Zeit ist die wichtigste Zutat für traditionelle marokkanische Speisen. Die Rezepte sind Jahrhunderte alt. Volle, abgerundete Aromen entstehen durch das langsame Garen. Auch beim Essen besteht keine Eile, ein echtes marokkanisches Gastmahl zieht sich über Stunden.

Schmelztiegel

Die Speisen spiegeln die wechselnden kulturellen Einflüsse in Marokko wider. Die französische Kolonialzeit lässt sich noch aus einigen raffinierten Gerichten herausschmecken. Couscous, *tajine* (Bezeichnung für verschiedene Eintopfgerichte, die in einem traditionellen Tongefäß geschmort werden) und *harira* (pikante Kichererbsen, Lamm und Tomatensuppe) sind von den Berbern überliefert. Die Nomaden brachten Datteln, Milch und Brot, aus Andalusien kamen Zitronen, Oliven und Olivenöl. Aus dem Osten führten die Araber Safran, Koriander, Kreuzkümmel und Paprika nach Marokko ein.

Süße Verführung

Marokkaner lieben Süßes, vom traditionellen Backwerk mit Mandeln und Honig, das oft mit Orangenblüten oder Rosenwasser aromatisiert wird, das am Ende des Mahls serviert wird. In den zahlreichen Patisserien der Neustadt in Marrakech finden Sie die ganze Palette.

Von links: Frischer Minztee, Imbissstände auf dem Jemaa El Fna, ein marokkanisches Festmahl

Whiskey der Muslime

Den Minztee, der überall in der Altstadt getrunken und auch im restlichen Land üblicherweise serviert wird, nennen die Marokkaner augenzwinkernd »Whiskey der Muslime«. Der Genuss von alkoholischen Getränken ist in Sichtweite einer Moschee verboten, in der Neustadt finden sich aber einige Bars, wo alkoholhaltige Getränke ausgeschenkt werden. Wenn Sie den süßen Tee über haben, versuchen Sie es doch mal mit einem frisch gepressten Orangensaft an einer der pastellfarbenen und nummerierten Buden auf dem Jemaa El Fna (► 58).

ZEHN AROMEN FÜR ZUHAUSE

Bringen Sie aus Ihrem Urlaub die beliebtesten Gewürze Marokkos mit in die heimische Küche:

- Sattroten Safran als dezentes Gewürz mit kräftiger Farbwirkung.
- Süßes Rosenwasser und Orangenblütenwaser, um den Gerichten eine blumige, duftige Note zu verleihen.
- Frische Minze für Tee und Salate.
- Für die Zubereitung einer *tajine* brauchen Sie eingelegte Zitronen.
- Gemahlener Kreuzkümmel, ein intensives Gewürz, ist für viele marokkanische Lamm- und Huhngerichte unentbehrlich.
- Probieren Sie Kurkuma. Die »Gelbwurz« ist die Hauptnote der *harira*-Suppe, einer abendlichen Fastenspeise während des Ramadans.
- Ingwer wärmt und verleiht Suppen und Eintöpfen das gewisse Etwas.
- Tomaten- und Gemüsegerichte werden mit geräucherter Paprika akzentuiert.
- Kaufen Sie Anissamen für selbst gebackenes Brot und Kekse.
- Sesamsamen zum Bestreuen von Brot und Desserts.
- *Ras el hanout,* die berühmte marokkanische Gewürzmischung.

STADT DES **STILS**

Marrakech ist Modezentrum – nicht nur für Marokko, sondern für ganz Nordafrika. Stylisten und Fotografen schwärmen von der Stadt und Designer lassen sich von ihren Farben, ihrer Handwerkskunst und ihren Traditionen inspirieren. Der Ruf Marrakechs als Trendsetter hat Bestand: in den vergangenen hundert Jahren hatte die Stadt fast immer die Nase vorne.

Architektur

In den 1960er-Jahren suchte der Architekt Bill Willis den Millionären Paul und Talitha Getty einen Palast und blieb selbst. Er entwarf eine Villa für Yves Saint Laurent, der seine Liebe zu Marrakech noch in seinem letzten Wunsch ausdrückte: Nach seinem Tod 2008 wurde seine Asche im Jardin Majorelle (➤ 116, Neustadt) verstreut.

Heiße Farben

Marrakech ist als Motiv in vielen Fotobücher vertreten. Die Lehmziegelwände der Roten Stadt wechseln die Farbe mit dem Sonnenlicht – von pink über orange bis dunkellila bei Nacht. Diese Farben finden sich überall wieder: in den Teppichen und Tonwaren der Souks genauso wie in den modernen Designs von Sidi Ghanem (➤ 123, Neustadt).

Im Uhrzeigersinn von links: Paul und Talitha Getty auf ihrer Dachterrasse 1969; stilvolle Riads gibt es viele in der Medina; das elegante Yakout-Restaurant; Ausstellung zu Yves Saint Laurent und Marokko

Einzigartige Oasen

Die Hotels in der Bauweise der *riads* mit ihren angenehm kühlen Innenhöfen mit Brunnen voller Rosenblätter bieten jeden Komfort internationaler Hotels (➤ 35, Erster Überblick). Marokkanische Architektur und innovatives Interieur – so entsteht der distinktive Stil Marrakechs von zenartigem Minimalismus bis zu afro-orientalischem Schick. Der sanfte *tadelakt* (polierter Kalkputz) entzückt die Besucher. Die kühlen Höfe, die Brunnen mit Rosenblättern und die lokale Gastfreundschaft sorgen auch bei den müdesten Reisenden für Entspannung.

Mode-Ikone

Yves Saint Laurent sagte einmal, dass er in Marrakech die Farben entdeckt hat und seine Designs waren stark von den Formen und Farben der Straßen durch die Medina inspiriert. Viele Designer sind inzwischen seinem Beispiel gefolgt. Verschiedene europäische Künstler, zum Beispiel Jean Paul Gaultier, haben ein Hideaway in der Stadt, andere arbeiten mit lokalen Handwerkern zusammen, um Stoffe im Stil Marrakechs zu schaffen. Inzwischen bestimmen aber auch immer mehr junge marokkanische Designer, zum Beispiel Fadila El Gadi, mit traditionellen Designs und schicker Note das Geschehen.

Moderne Kunst

Die Kunstszene Marrakechs blüht. Die Künstler erwecken internationales Interesse und hohe Preise dominieren. Galerien schießen wie Pilze aus dem Boden, Kunstfestivals gedeihen und die Musik sorgt in Nachtclubs auf der ganzen Welt für Bewegung.

Lokale Künstler

Marokkanische Künstler haben ihre eigene unverkennbare Identität, drücken aus, was sie in ihrem Land und in ihrem Umfeld inspiriert, wenden sich aber auch regionalen und globalen Themen zu. Der lokale Künstler Hassan Hajjaj (www.hassanhajjaj.com; ➤ 63, Innere Medina), der zum Teil in London und zum Teil in Marrakech lebt, kreiert eine Popart-Vision von Marrakech. Das Hauptthema seiner hellen Bilder sind die Farbblöcke der Medina, die starken *Marrakchi*-Mädchen in bedruckten *jellabahs*, häufig Werke Hassans, und die ikonischen Verpackungen von Alltagsgegenständen im Laden an der Ecke. Ein anderer Star, Larbi Cherkaoui (www.larbicherkaoui.com), nutzt die traditionelle Kunstform der Kalligraphie, befreit dabei aber die arabischen Buchstaben und verleiht ihnen eine universellere Bedeutung. Bekannter, aber ebenfalls von der arabischen Kalligraphie inspiriert, ist die Grafikerin und Malerin Malika Aqueznay, die führende moderne Künstlerin Marokkos.

Kunstfestival

Nordafrikas größtes dreisprachiges Festival (Englisch, Französisch und Arabisch) der modernen Kunst, fand zum ersten Mal 2005 in Marrakech statt und kann sich seitdem wachsender Beliebtheit erfreuen. Seine Schwerpunkte sind wegbereitende Kunst, Film und Literatur und zu seinen Förderern zählen Julian Schnabel und Francis Alÿsand Zadi Smith (www.aimbiennale.org).

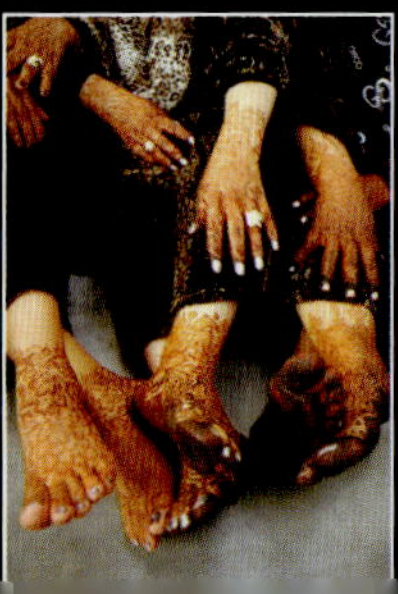

GALLERIEN IN MARRAKECH

- **Matisse Art Gallery** (No. 43 passage Ghandouri, 61 rue de Yougoslavie, Guéliz, Tel. 0524 44 83 26; www.matisseartgallery.com). Eine der besten Galerien in Marrakech, vielleicht sogar im ganzen Land. Hier werden insbesondere Werke marokkanischer Künstler wie Hassan Hajjaj und Larbi Cherkaoui sowie einige internationale Künstler gezeigt.
- **Galerie David Bloch** (8 bis rue des Vieux Marrakchis, Guéliz, Tel. 0524 45 75 95; www.davidblochgallery.com). Die außergewöhnlichste moderne Kunstgalerie der Stadt mit sowohl marokkanischen als auch internationalen Künstlern.
- **Galerie Re** (Residence Al Andalous III, Ecke rue de la Mosquée und Ibn Toumert, Tel. 0524 43 22 58; www.galeriere.com). Die Galerie von Lucien Viola wurde vom Hatschepsut-Tempel in Luxor, Ägypten inspiriert.
- **Galerie 127** (127 avenue Mohammed V, Guéliz, Tel. 0524 43 26 67; www.galerienathalielocatelli.com). Diese wunderbare Galerie ist der modernen Fotografie gewidmet.

Musikszene

Am häufigsten hört man auf dem Jemaa El Fna das Spiel der Gnawa-Musiker, die für Touristen tanzen und singen. Aber die Gnawa haben noch mehr zu bieten als Touristenunterhaltung: Sie pflegen eine alte Tradition des mystischen Heilens durch musikalische Trance. Der beliebte lokale DJ Khalid Içame, Aka-DJ Zitroz und sein Freund Philippe Lauro-Baranès waren von diesem afrikanischen Beat fasziniert und zeichneten über mehrere Nächte hinweg eine Sequenz aus rituellem Trance auf. Das Duo hat auch von den Gnawa inspirierte Musik komponiert, die in modernen Clubs und auf Partys weltweit gespielt wird (www.kamarstudios.com)

Links: ***Hands and Feet*** **von Hassan Hajjaj; Kalligrafien von Larbi Cherkaoui**

Unten von links nach rechts: ***The Arab One*****,** ***Bouchra in Derb*** **und** ***Marwan Gnawe*** **von Hassan Hajjaj**

Highlights auf einen Blick

Romantische Riads

Die lauschigen, exquisiten *riads* gehören wohl zu den romantischsten Refugien weltweit.

- **Riad Enija** (➤ 36), eines der schönsten der Stadt. Im verwilderten Garten kann man ungestört essen.
- Genießen Sie eine Massage und ein romantisches Candlelight-Dinner im noblen **Riad Farnatchi** (➤ 36).
- Nach dem Abendessen auf der Dachterrasse, können Sie es sich zu zweit im Kinoraum des **Riad El Fenn** (➤ 36) gemütlich machen.

Fantastische Gärten

Die Gärten der Wüstenstadt sind luxuriöse Oasen.

- Die **Jardins de l'Agdal** (➤ 76) wurden für die Erholung des Königshauses angelegt.
- Der **Jardin Majorelle** (➤ 116) mit Kakteen, hohem Bambus und Vogelgezwitscher ist die Ruhestätte von Yves Saint Laurent (➤ 24f).
- Blühende Rosen, sattes Grün und gepflegte Anlagen umgeben die **Koutoubia Gärten** (➤ 131).
- Die Gärten von **La Mamounia** (➤ 70) mit Rosen, Blumen und Oran-

***Riads* bieten alles für einen romantischen Erholungsurlaub**

Oben: Stadtmauern vor der Kulisse des Atlasgebirges.
Unten: Skala de la Ville in Essaouira, eines von vielen lohnenswerten Ausflugszielen

genbäumen sind ein perfektes Beispiel für maurische Gärten.

Die schönsten Aussichten

Einzigartige und faszinierende Aussichtspunkte – für ultimative Schnappschüsse.

- Eindrucksvoll wirkt die rosarote Stadt vor dem schneebedeckten **Atlasgebirge** (➤ 142).
- Der Kontrast der riesigen Befestigungswälle von **Essaouira** (➤ 150) mit dem blauen Meer.
- Im See des **Jardin Ménara** (➤ 120) spiegeln sich die Gipfel des Atlas.
- Die Caféterrassen am Jemaa El Fna über dem **Nachtmarkt** (➤ 50).
- Der atemraubende Blick vom 2100 m hohen **Tizi-n-Test Pass** (➤ 144).

Kaffeekultur

In den zahlreichen Cafés entkommen Sie dem geschäftigenTreiben der Altstadt.

- Das **Café des Épices** (➤ 60) auf dem malerischen Platz mit den Gewürzgeschäften ist ein charmanter Ort, um den Tag zu vertrödeln.
- Im **Café du Livre** (➤ 124) erwarten Sie internationale Bücher und eine Küche in Club-Atmosphäre.
- *Das* Café in Marrakech ist das elegante **Grand Café de la Poste** (➤ 125) am Rande der Neustadt.

Kommen Sie zum Frühstück und oder auf einen Cocktail.

Zum Abtanzen

Das Nachtleben Marrakechs entwickelt sich mehr und mehr zum Treffpunkt des Jetset.

- Der neueste und angesagteste Ort der Stadt ist die **So Day & Night Lounge** (➤ 42) des Sofitel. Der Club ist rund um die Uhr geöffnet.
- Ibiza feiert im **Pacha** (➤ 128) zur Musik der jungen Generation.
- Aus alt mach neu: der extravagante Nachtclub **Théâtro** (➤ 128) war früher ein Theater.

Gehobene Badekultur

Dampfbäder und Massagen zeichnen ein marokkanisches Badehaus aus.

- Das **Les Bains de Marrakech** (➤ 90) ist ein riesiges Hamam im Herzen der Kasbah und bietet Paketangebote für Paare.
- **Les Bains Ziani** (➤ 90) die perfekte Kombination von preiswerter Originalität.
- Das luxuriöse Spa im Hotel **La Mamounia** (➤ 70) bietet eine Hamam-Erfahrung wie aus *Tausend und einer Nacht*.

Einheimische Küche

In den besten Restaurants Marrakechs genießen Sie das wahre Marokko.

- Ein Kochkurs bei **Souk Cuisine** (➤ 64) weiht Sie in die Geheimnisse der marokkanischen Küche ein.
- Auf dem **Jemaa El Fna** (➤ 61) werden lokale Gerichte angeboten und machen ihn zu einem der reizvollsten Freiluft-Restaurants der Welt.
- Speisen Sie wie ein König im **Restaurant Al Fassia** (➤ 125).

Marokkanisch Kochen für Anfänger

Erster Überblick

Ankunft

Der Flughafen liegt in der Nähe des Zentrums von Marrakech, und die Stadt ist problemlos zu erreichen. Die meisten Riads bieten einen Transfer an, wenn Sie diesen im Voraus organisieren.

Vom Flughafen in die Stadt

- Der Flughafen **Menara** liegt nur 6 km außerhalb vom Zentrum Marrakechs. Mit dem Taxi brauchen Sie vom Flughafen in die Innenstadt nur 10 bis 1 Minuten, in die Neustadt und nach La Palmeraie, etwa 20 Minuten.
- Ein **Taxi** in die Innenstadt oder Neustadt kostet ca. 60–80 DH, nach La Palmeraie etwa 150 DH, die Nachttarife liegen etwas höher. Vereinbaren Sie den Preis vor Fahrtantritt.
- Am angenehmsten ist es, den **Transfer vom Hotel** arrangieren zu lassen. Es kostet nicht mehr, als wenn Sie den Preis selbst vor Ort aushandeln. Vor allem kennt ihr Fahrer dann bereits die Strecke und bringt sie auf direktestem Weg zum Hotel – was bei einer Fahrt in die Medina viel wert ist.
- Es gibt auch eine **Busverbindung** zwischen dem Flughafen und der Innenstadt. Bus Nummer 11 fährt alle 30 Min. zum Jemaa El Fna. Busfahrkarten kosten etwa 5 DH und sind im Bus erhältlich, die Haltestelle liegt etwa 800 m vor dem Flughafenterminal.

Autovermietung

Ein Auto ist in Marrakech nicht wirklich nötig. Die Entfernungen sind gering und Taxis sind günstig. Es lohnt sich aber, für Ausflüge in die Umgebung oder in die Berge ein Auto zur Verfügung zu haben, wenn Sie unabhängig sein möchten. In der Neustadt finden Sie Autovermietungen. Sie sollten allerdings vorab reservieren. In der Regel sind die Anbieter vor Ort günstiger, es lohnt sich aber, für ein etabliertes internationales Unternehmen etwas mehr Geld auszugeben. Achten Sie darauf, dass die Versicherung alle Vorfälle abdeckt, denn Unfälle sind in Marokko häufig. Sie können auch ein Auto mit Fahrer für ein paar Stunden, einen Tag oder längere Zeiträume oder ein großes Taxi (➤ 34) zur privaten Nutzung mieten. Die Kosten sind nur wenig höher als für ein Auto allein.

Touristeninformationen

Am Flughafen und in Guéliz (Neustadt) gibt es eine Touristeninformation. Allerdings sind die Informationen, die Sie dort erhalten, eher karg und kostenlose Karten und Zeitschriften sind in der Regel auch an Hotelrezeptionen und Touristenzielen verfügbar.

Staatliche marokkanische Touristeninformation (Office National Marocain du Tourisme)

162 B3 ✉ Ecke avenue Mohammed V und rue de Yougoslavie, Guéliz
☎ 0524 43 61 31; www.visitmorocco.com
🕓 Okt–April Mo–Fr 8.30–12, 14.30–18.30, Sa 9–12, 15–18; Mai–Sept. und Ramadan Mo–Sa 9–15 Uhr

Touristenpolizei

Die Touristenpolizei, die sich hauptsächlich um die Belange von Touristen kümmert, zum Beispiel Diebstahl oder Belästigung, ist in der Regel hilfsbereit.

168 A3 ✉ Place Youssef Ben Tachfine (hinter der Koutoubia Moschee)
☎ 0524 38 46 01 🕓 24 Std.

Unterwegs in Marrakech

Die Fortbewegung in Marrakech ist leicht. Die Medina wurde für Fußgänger konzipiert und auch die meisten Orte der Neustadt sind zu Fuß erreichbar. Die meisten Besucher ziehen die günstigen Taxis Bussen vor.

In der Medina

Das abenteuerliche Gefühl, sich beim Bummeln in der alten Medina ständig zu verirren, gehört dazu. Ein Kompass kann Ihnen im Gewirr der Gassen mit immer wieder ähnlichen Ecken nützlich erscheinen, doch wenn Sie sich einfach treiben lassen, können Sie die Entdeckung dieses Viertels besser genießen. Besucher mit sehr kleinen Kindern sollten bei Spaziergängen in der Medina achtsam sein – wegen der vielen Mofas, Esel und der unebenen Wege. Für größere Kinder ab 10 Jahren sind die fremdartigen Eindrücke, Gerüche und Geräusche und die mittelalterliche Atmosphäre interessanter.

- Die Medina ist von der alten Stadtmauer umschlossen. Jenseits der Mauer finden Sie sich an einer staubigen Stadtautobahn wieder, wo wenig Rücksicht auf Fußgänger genommen wird.

Schnorrer

Vorsicht, wenn Jungen oder junge Männer Ihnen Hilfe bei der Orientierung anbieten! Auch wenn Sie nichts zu befürchten haben, kann diese Hilfe lästig werden, da eine Bezahlung erwartet wird oder Sie einen großen Umweg zum Geschäft eines »Onkels« machen. Wenn Sie sich verlaufen haben, bleiben Sie gelassen. Fragen Sie Verkäufer oder Einheimische, die nicht so offensichtlich um Sie bemüht sind, nach dem Weg.

Fremdenführer

Früher war es schon allein wegen der Schnorrer praktisch, einen Fremdenführer zu engagieren. Aber die Kontrollen der Polizei haben dies heute weitgehend überflüssig gemacht. Wenn Sie einen Führer suchen, lassen Sie sich eine Empfehlung vom Hotel geben oder fragen Sie in der Touristeninformation nach einem registrierten Führer. Vereinbaren Sie den Preis immer vorab und denken Sie daran, dass Sie in einigen Geschäften kräftige Provisionen mitzahlen.

Reisen mit Behinderungen

Einrichtungen für Gehbehinderte sind in Marokko sehr rar, auch in Marrakech können Gehbehinderte und Rollstuhlfahrer auf Schwierigkeiten stoßen. Selbst der offene große Platz Jemaa El Fna hat einen so holprigen Belag, dass er für Rollstuhlfahrer problematisch ist. Abgesehen davon sind die Leute sehr hilfsbereit und die zahlreichen neueren Hotels sind viel besser ausgestattet. Wenn Sie betroffen sind, erkundigen Sie sich vorab im Reisebüro oder beim Hotel genau nach den örtlichen Gegebenheiten.

Mit öffentlichen Verkehrsmitteln:

Busse

- Die Taxis sind preiswert und überall verfügbar, daher benutzen wenige Reisende die öffentlichen Verkehrsmittel. Für alle, die aufs Geld achten müssen oder neugierig sind, gibt es öffentliche Busse. Achten Sie im Gedränge auf ihre Taschen, wie überall gibt es auch hier Taschendiebe.
- Bus Nr. 1 bringt Sie nach Guéliz in der Neustadt. Nr. 8 fährt zum Bahnhof *(gare des trains)*, Nr. 10 zum Busbahnhof *(gare routière)* und Nr. 11 über Jardin Ménara zum Flughafen südwestlich der Stadt. Die Busse fahren am Bab Doukkala ab. Fahrkarten sind im Bus für etwa 3 bis 5 DH erhältlich.

petits taxis
Sie sind **klein, gelb und mit Heckklappe** und das Taxameter oft »defekt«. Die Taxis, die Sie auf der Straße herbeiwinken können, sind zwar preiswerter, aber wenn Sie vom Hotel oder Restaurant aus eines rufen lassen, ist die Kommunikation mit dem Fahrer einfacher. Die *petit taxis* fahren nur bis zum Rand der Medina, sodass Sie noch ein paar Schritte gehen müssen, wenn Sie hinein wollen. Sie nehmen maximal drei Fahrgäste mit. Wenn der Fahrer das gesetzlich vorgeschriebene Taxameter nicht einschaltet, können Sie darauf bestehen oder vor der Fahrt einen Fixpreis vereinbaren. Rechnen Sie mit 20 DH für eine Fahrt von der Innenstadt zur Neustadt und nach La Palmeraie mit etwa 50-60 DH (inkl. Preisnachlass). Nennen Sie dem Fahrer bei Fahrtantritt klar und deutlich ihr Ziel. Es kommt vor, dass Fahrer sich nicht auskennen, dann sollten Sie die Fahrt abbrechen. Manchmal werden unterwegs auch noch weitere Passagiere mitgenommen.

Großtaxis *(grands taxis)*
Diese Limousinen, meist Marke Mercedes, bieten bis zu **fünf Personen** Platz. Allerdings sind die engen Gassen der Medina innerhalb der Stadtmauern für Großtaxis gesperrt. Ansonsten können Sie Großtaxis für jedes beliebige Ziel mieten. Bei mehr als drei Personen rechnet sich der Preis im Vergleich zu zwei *petits taxis* und sie sind für Fahrten nach außerhalb eine **gute Alternative zu Mietautos**. Großtaxis haben keine Taxameter, vereinbaren Sie den Preis vor der Fahrt.

Kutschen *(calèches)*
Von diesen **offenen Pferdegespannen** haben Sie eine gute Sicht und erleben Marrakech hautnah, aber der immer dichter werdende Verkehr trübt das Vergnügen etwas. Vereinbaren Sie den Preis vor der Fahrt, zum Stundentarif von ca. 10-12 Euro können Sie viele wichtige Sehenswürdigkeiten erreichen. Den Kutschenstand finden Sie am Place de Foucauld an der südwestlichen Seite des Jemaa El Fna.

Busrundfahrten
Unübersehbar sind die roten Doppeldeckerbusse, mit denen Sie auf Sightseeing-Tour gehen können. Mit einem **24-Stundenticket** verschaffen Sie sich bequem einen ersten Überblick über die Stadt. City Sightseeing (Tel. 0524 339 637; www.city-sightseeing.com) bietet zwei Touren an (130 DH pro Tag, 200 DH für zwei Tage.)

Die **»Marrakech Monumental«** Route führt über das Théâtre Royal, den Palais des Congres, den Place de la Liberté und die Tombeaux Saadiens. Die Fahrt dauert 90 Min. und startet alle 20 bis 30 Min. (Juli-Aug. 9–20 Uhr, Sept.–Okt. 9–19 Uhr, Nov.–Feb. 9–17.30 Uhr). Die **»Romantique«** Route geht über den Jardin Majorelle, Le Tikida Garden und Palmeraie Golf Palace und dauert 60 Min. Abfahrtszeiten sind 13, 14.10 , 15.20, 16.30 Uhr (und 17.30 Uhr von April–Sept.) Beide Routen fahren mehrere Haltestellen in der Stadt an, unter anderem auch die Touristeninformation in Guéliz. Über Kopfhörer erfahren Sie Wissenswertes über die Highlights, die auf dem Weg liegen. Die Busse fahren täglich bis spätnachmittags.

Eintrittspreise
Eintrittspreise in Museen und Sehenswürdigkeiten sind in folgenden Preiskategorien angegeben. Da der Wechselkurs des marrokanischen Dirham (DH) starken Schwankungen unterliegt, sind die Angaben in Euro:

Preiswert: unter 2 Euro **Mittel:** 2–3 Euro **Teuer:** über 3 Euro

Übernachten

Die *riads*, Hotels mit Innenhof, vermitteln in dem Chaos der Medina Geborgenheit und Frieden. Sie werden oft von Europäern geführt, die die Atmosphäre individuell prägen. Ihre exquisite Ausstattung und das service-orientierte Personal können den Aufenthalt zu einem echten Highlight für Sie machen. Wenn Sie aber auf Minibar, Fernsehen und Telefon im Zimmer nicht verzichten wollen oder mit Kindern reisen, nehmen Sie besser ein modernes Hotel in der Neustadt.

Übernachtungspreise

Die Preise sind in Euro angegeben, da der Wechselkurs zum marokkanischen Dirham (DH) stark schwanken kann. In der Regel zahlen Sie für ein Doppelzimmer:

€ unter 100 Euro **€€** 100–200 Euro **€€€** über 200 Euro

Bab Hotel €€

Dieses moderne, professionell geführte Hotel, bietet preisgünstige Zimmer mit 1970er-Jahre-Atmosphäre. Die Bar und das Restaurant sind auch beim Szene-Publikum aus Marrakech beliebt und der angesagte marokkanische Designer Fadila El Gadi (➤ 25) hat hier eine Boutique.

162 B3 Ecke boulevard El Mansour Eddahbi und rue Mohammed El Beqal, Guéliz 0524 43 52 50; www.babhotelmarrakech.com

Dar Les Cicognes €€€

Wie in den meisten *riads* ist auch in diesem luxuriösen Hotel jedes Zimmer anders gestaltet. Es gibt zwar keinen Pool, Sie können sich aber auf den Terrassen, im Innenhof, in der Bücherei oder im Hamam erholen. Das Personal ist sehr hilfsbereit.

169 D2 108 rue de Berima, Medina 0524 38 27 40; www.lescigognes.com

Dar Rbaa Laroub €

Dieses Riad war eines der ersten in der Medina, das zu einem Gästehaus umgebaut wurde und das »House of Quarter to Four« (die Uhr im Hof blieb vor 15 Jahren um diese Zeit stehen) bietet eine herrliche Patina und Authenzität. Die Zimmer sind einfach aber schön, die öffentlichen Bereiche stilvoll. Der Service ist gut und die Preise sind hervorragend. Ein gut gehütetes Geheimnis.

164 B4 Derb Abib Allah, Medina 0524 39 07 16; www.darrbaalaroub.com

Les Jardins de la Koutoubia €€€

Eine der wenigen luxuriösen und kinderfreundlichen Unterkünfte in der Medina. Das namhafte Hotel hat charmantes Personal, drei Pools und drei großartige Restaurants. Das Spa können nicht nur Hausgäste besuchen.

164 B1 26 rue El Koutoubia, Medina 0524 38 88 00; www.lesjardinsdelakoutoubia.com

Jnane Mogador €

Schlicht und preiswert, aber immer wieder gut bewertet. Reservierungen sind etwas schwierig – bestehen Sie auf eine schriftliche Bestätigung. Frühstück und Abendessen werden extra berechnet. Hamam, tolle Aussicht vom Dach und nur wenige Minuten vom Jemaa El Fna entfernt.

164 A1 116 rue Riad Zitoun El Kedim, derb Sidi Bouloukat, Medina 0524 42 63 23; www.jnanemogador.com

Jnane Tamsna €€€

Die französisch-senegalesische Designerin Meryanne Loum-Martin hat hier ein wahres Paradies geschaffen. Luxuriöse, elegante Villen in einem riesigen, duftenden Garten, gestaltet von Ihrem Ehemann, dem Ethnobotaniker Gary Martin. Das Essen, zu einem großen Teil zubereitet mit Produkten aus dem organischen Küchengarten, ist hervorragend.

Außerhalb der Karte Douar Abiad, La Palmeraie 0524 32 84 84; www.jnanetamsna.com

Riad El Fenn €€€

Das ultraschicke Riad liegt in der Nähe von Bab El Ksour und ist leicht erreichbar. Popart-Farben in Kombination mit den typischen Details von Marrakech, moderne Werke internationaler Künstler an den Wänden und ein großartiges Restaurant mit Bar machen diese Unterkunft zu etwas Besonderem.
164 B1 Derb Moulay Abdullah Ben Hezzian, Bab El Ksour, Medina 0524 44 12 20/10; www.riadelfenn.com

Riad Enija €€€

Dieses *riad* mit seinen geschnitzten Türen und Lampen aus Indien wirkt wie aus dem Märchen. Beim Abendessen im Garten geben Ihnen Musikanten und Singvögel ein Ständchen. Der Pool liegt etwas abseits. Es gibt zwar kein Hamam, aber erstklassige Massagen. Keine Kreditkarten.
164 C2 9 derb Mesfioui, bei rue Rahba Kedima, Medina 0524 44 09 26; www.riadenija.com

Riad Farnatchi €€€

Buchen Sie Suite 1: Ein privates Mini-*riad* mit plätscherndem Brunnen. Genießen Sie ein Candlelight-Dinner oder ein Barbecue für Zwei auf dem Dach, kuscheln Sie in den *b'hous* (überdachte Sitzecken) oder lassen Sie sich im Hamam abschrubben. Der hervorragende Service macht dieses *riad* unvergleichlich.
164 C2 Derb El Farnatchi, rue Souk El Fassis, Medina 0524 38 49 10/12; www.riadfarnatchi.com

Riad Tlaata wa Sitteen €

Ein beliebtes, günstiges Riad in der Medina, geführt von jungen Marokkanern. Nette Zimmer um einen gefliesten Innenhof. So war die Medina vor den Boutique-Hotels.
164 B3 63 Riad Laarouss, derb El Ferrane, Medina 0524 38 30 26; www.tlaatawa-sitteen.com

Riad Zina €–€€

Beate Prinz, Handtaschen-Designerin und langjährige Einwohnerin Marrakechs, führt dieses traumhafte Riad. Lokale Möbel aus den 1970er Jahren und Fundstücke vom Flohmarkt sorgen für ein schönes Flair. Ein hervorragendes Frühstück mit hausgemachter Marmelade und Pfannkuchen sowie Nachmittagstee mit Kuchen sind im Preis inbegriffen
163 B3 38 derb Assabane, Riad Laarouss, Medina 0524 38 52 42; www.riadzina-marrakech.com

Ryad Dyor €€

Dieses reizende Riad ist mit einer eklektischen Mischung aus modernen Möbeln und Farben sowie traditioneller marokkanischer Architektur und Dekoration eingerichtet. Der Empfang ist freundlich und die Dachterrasse bietet eine herrliche Aussicht. Schauen Sie sich die Paketangebote auf der Website an.
164 B3–4 1 Driba Jdida, Sidi Ben Slimane, Medina 0524 37 59 80; www.ryaddyor.com

Villa des Orangers €€€

Das Hotel gehört zur Gruppe Relais & Châteaux und bietet jederzeit hervorragenden Service, erstklassige Gastronomie, elegante, luxuriöse Zimmer sowie ein wunderbares Spa.
168 B3 6 rue Sidi Mimoun, Medina 0524 38 46 38; www.villadesorangers.com

Außerhalb Marrakechs

Beldi Country Club €€

Ein beliebtes Ziel zum Mittagessen, Schwimmen (vier Pools) und für Spa-Anwendungen. Es wurde jetzt um ein Hotel mit sehr schönen, rustikalen Zimmern in einem 15 Hektar großen Garten ergänzt.
Außerhalb der Karte Km 6, Route du Barrage, Cherifia 0524 38 39 50: www.beldicountryclub.com

Kasbah du Toubkal €–€€€

Diese restaurierte Festung im Atlas-Gebirge, nur 60 km von Marrakech entfernt, ist ein schönes Ziel. Die Aussicht ist unglaublich und die Einsamkeit schon fast spirituell. Die Zimmerauswahl reicht von günstigen Gemeinschaftsräumen bis zu luxuriösen Suiten.
Außerhalb der Karte Imlil, Asni, High Atlas 0524 48 56 11; www.kasbahdutoubkal.com

Essen und Trinken

In Marrakech essen zu gehen ist ein fantastisches Erlebnis, aber Sie sollten bei der Wahl kritisch sein und sich vorab informieren. Trotz der großen Zahl an Touristen lassen sich die wirklich guten Restaurants jedes Stadtteils an einer Hand abzählen. Rein zufällig werden Sie kaum eines davon entdecken.

Einen Tisch reservieren

Da die Plätze schnell vergeben sind, müssen Sie das Essengehen planen. Die besten Restaurants sind im Voraus ausgebucht (in der Regel kann die Rezeption Ihres Hotels einen besseren Tisch für Sie reservieren als wenn Sie selbst anrufen). In *riads* müssen Sie am Vorabend reservieren oder morgens, wenn Sie im selben Haus übernachten.

Am häuslichen Herd gekocht

Essen Sie wenigstens ein Mal in einem *riad* – die Gerichte werden im Haus zubereitet und sind weit besser als aus Großküchen. In vielen können Sie auch als externe Gäste speisen, aber Sie sollten immer einen Tag vorher reservieren. Viele *riads* bieten außerdem kleine ungezwungene Kochkurse an, die sehr zu empfehlen sind (► 38).

Kif-kif (Nullachtfünfzehn)

In vielen Touristenrestaurants bekommen Sie ein Standardmenü mit Salat, Tauben-*pastilla* (gefüllter Kuchen), *tajine* mit Couscous und marokkanisches Gebäck. Nur wenige können mit den echten marokkanischen Gerichten mithalten, die meisten Menüs sind eine teure und unbefriedigende Erfahrung.

Fleischlose Gerichte

Marokkanische Salate sind abwechslungsreich und ein vegetarischer, farbenfroher Genuss. Sie werden normalerweise als Vorspeise serviert und oft als ›small plates‹ übersetzt. Vegetarier haben es nicht leicht in der Stadt. Fragen Sie den Küchenchef, ob die *harira* (würzige Kichererbsensuppe) oder Couscous *au sept légumes* (mit sieben Gemüsesorten) ohne Fleischbrühe zubereitet wurde, was allerdings selten ist. Omelettes und Pizza werden in zahlreichen Cafés und Restaurants angeboten.

Touristenfalle

Der Platz Jemaa El Fna ähnelt durch die täglichen Scharen von Touristen, die hier geschröpft werden, Orten wie dem Markusplatz in Venedig oder dem Time Square in New York. Dennoch ist es ein Erlebnis, in Marrakesch auswärts zu essen, besonders auf dem Nachtmarkt am Abend (► 50), auf dem die Preise zudem vernünftig sind. In den Restaurants und Cafés direkt am Platz können Sie schnell viel Geld für ein wenig überzeugendes Essen loswerden. Gehen Sie zu den Essensständen oder folgen Sie den Empfehlungen in diesem Buch, denn bei einigen genießen Sie zum guten Essen noch eine großartige Aussicht.

Highlights der Cafékultur

Café des Épices (► 60)
Café du Livre (► 124)
Grand Café de la Poste (► 125)
Jardin Majorelle Café (► 125)
Jardin de Kemal (► 108)

Romantische Highlights

Al Fassia (► 125)
Dar Moha (► 107)
Jemaa El Fna Essensstände (► 50, 61)
Le Marrakchi (► 62)
Le Tobsil (► 62)

Alkoholische Getränke

Da es sehr wenige Orte in der Medina gibt, wo Sie alkoholische Getränke bekommen, genießen Sie in Ihrem *riad* einen Aperitif auf der Dachterrasse oder einen Schlummertrunk (wenn es eine Alkohollizenz hat). Sie können auch in vielen Restaurants mit Lizenz Alkohol genießen (aber nicht in den Straßenkneipen um den Jemaa El Fna). Bars sind rar.

Abendessen mit Show

Essen und Unterhaltung gehören in Marrakech zusammen. Die Einheimischen kommen zu den Jemaa El Fna Essensständen, um die Spezialitäten zu probieren und dabei das Spektakel der Straßenkünstler zu sehen. Viele typische Touristenrestaurants ahmen diesen Brauch nach, indem sie den Gästen beim Abendessen eine Show präsentieren. Dafür müssen Sie nicht extra zahlen, aber die Gagen sind natürlich im Preis enthalten und Trinkgeld wird gern angenommen. Stellen Sie sich auf Bauchtanz und einheimische Gnawa-Musiker ein, die ihre traditionellen Instrumente für Sie zupfen.

Geldangelegenheiten

- Essen gehen kann in Marrakech leicht genauso teuer werden wie zuhause, besonders wenn Sie Wein, Bier oder andere alkoholische Getränke bestellen. Lassen Sie den Alkohol weg, wenn Sie nicht so viel ausgeben möchten.
- Die Essensstände auf dem Jemaa El Fna haben eine besondere Atmosphäre. Nicht nur, weil es hier mit die besten Gerichte der Stadt gibt, sondern auch, weil sie dazu sehr preiswert sind.
- In Bars und Cafés verdienen die Kellner nur das Trinkgeld (10–15 Prozent).

Marokkanischer Kochkurs

Bei einem eintägigen Kochkurs können Sie die einheimische Kultur und Küche am besten kennen lernen. Normalerweise besuchen Sie gemeinsam einen Gewürzbasar und essen Ihre Kreation am Schluss selbst.

- **Jnane Tamsna** (➤ 35) Die eintägigen Kurse sind an individuelle Bedürfnisse angepasst. Genießen Sie privaten Kochunterricht in der Riad-Küche und essen Sie anschließend in dem herrlichen Garten mit Kräutern, Blumen und Gemüse.
- **La Maison Arabe** (➤ 110) Eintägiger Koch-Workshop im reizenden Garten der außerhalb gelegenen Villa. Kleine Gruppen und jede Menge Anregungen.
- **Souk Cuisine** (➤ 64) Eintägige Kurse zu moderaten Preisen inklusive Mittagessen mit Wein. Kulinarische Kurse auch am Wochenende.

Die Kreditklemme

Auch wenn ein Restaurant die Symbole internationaler Kreditkarten zeigt: Nehmen Sie für den Fall, dass Ihre Kreditkarte abgelehnt wird, immer etwas Bargeld mit. In Marokko ist Barzahlung beliebt und viele scheuen den Aufwand des bargeldlosen Zahlungsverkehrs. Möglich, dass deshalb die Lesegeräte der Kreditkarten selbst bei seriösen Einrichtungen (auch in Hotels) so häufig defekt sind. Wenn Sie allerdings darauf bestehen mit Kreditkarte zu zahlen und Geduld beweisen, lässt sich das ›Problem‹ manchmal lösen.

Restaurantpreise

Da der Wechselkurs des marrokanischen Dirham (DH) starken Schwankungen unterliegt, sind die Angaben in Euro. Rechnen Sie für eine Person pro Essen ohne Getränke mit:

€ unter 15 Euro **€€** 15–30 Euro **€€€** über 30 Euro

Einkaufen

Marrakesch entwickelte sich aus einem Handelsposten, einem Markt der Wüstenhändler. Diese Rolle hat es in den letzen Jahren auf internationalen Maßstab ausgedehnt. Shoppinggenuss ist die »Hauptsache«. Sie können sich sogar – zu zivilen Preisen – Ihren persönlichen Einkäufer anheuern.

Unendliche Souks

Den schier endlosen Einkaufsmöglichkeiten in den scheinbar unendlichen Souks (Viertel mit konkurrierenden Spezialgeschäften) und dem hartnäckigen Werben der Verkäufer können sich selbst Einkaufsmuffel kaum entziehen. Es ist nicht leicht, dem Kaufrausch zu entkommen, weil hier wirklich jeder etwas findet. In diesem Buch stellen wir für Sie die interessantesten Souks zusammen und weisen Sie auf einzelne lohnende Spezialgeschäfte hin.

Fremdenführer

Im heutigen Marrakech brauchen Sie keinen Fremdenführer mehr, der Sie durch das Gewirr der Souks begleitet. Das strenge Vorgehen der Behörden und die überall anwesende Touristenpolizei in Zivilkleidung gewährleistet Ihnen einen stressfreien Bummel. Es kann sich allerdings lohnen, einen Fremdenführer zu buchen, der die historischen Monumente (► 33) erläutert. Beachten Sie aber, dass Sie in jedem Geschäft, zu dem er Sie bringt 30 Prozent mehr bezahlen.

Neu statt alt

- Die Läden in der Medina sind zwar voller Atmosphäre, aber wenn Sie im Feilschen nicht gerade hart gesotten sind, werden Sie die Festpreise in der Neustadt schätzen. In den kleinen Boutiquen in Guéliz (► 18) finden Sie moderne Versionen traditioneller Produkte.
- Die Souks sind ein Einkaufsparadies mit ihrem unermesslichen, exotischen Warenangebot. Versuchen Sie zu handeln, aber zahlen Sie nur den Preis, den Sie wirklich angemessen finden.
- Eine größere Auswahl an Läden sowie das exzellente Bistro Le Zinc finden Sie im Industriegebiet (per Taxi erreichbar) von Sidi Ghanem, westlich von Guéliz (► 123).

Souvenirs

- *Babouches* (traditionelle Pantoffel) sind überall erhältlich und ein typisches Mitbringsel. Die traditionell gelben, spitz zulaufenden sind etwas extravaganter. Prüfen Sie zwei wichtige Qualitätsmerkmale: Sie sollten genäht und aus Leder sein, nicht geklebt oder aus Kunststoff.
- Marokkanische Teegläser sind sehr beliebte Mitbringsel. Gute Qualität erkennen Sie daran, dass sie handbemalt statt bedruckt sind. Nehmen Sie nicht die billigsten, sonst geht die Farbe beim ersten Spülen ab.
- Einfaches Olivenöl oder feine, mit Rosenwasser, Jasmin oder Orangenblüten aromatisierte Seifen aus Arganöl sind eine tägliche, aromatische Erinnerung an Ihre Reise.

Kunsthandwerk kaufen

- Marrakechs Märkte sind überschwemmt mit kunsthandwerklichen Erzeugnissen. Hier finden Sie jede Art von Schmuck, vom Silberschmuck der Berber bis hin zu bunte, folkloristischen Perlenketten.
- In den stylischsten Hotels der Welt hängen inzwischen die riesigen Windlichter mit Kerzen, die Sie in Marrakech beinahe in jedem *riad* sehen. Wenn Sie eines mitnehmen wollen, packen Sie das Glas gut ein!

- Marrakech ist ein Einkaufsmekka für Lederwaren, egal ob Sie einen Puff (gepolsterte Sitzkissen) oder eine Handtasche aus Kamelleder suchen.
- *Tajine*-Töpfe gibt es überall, aber die dekorativen Modelle sind nur zum Anrichten geeignet. Zum Garen im Ofen kaufen Sie einen aus Ton.
- *Jellabahs* (traditionelle, lange Kaftane mit Kapuze) gibt es aus Wolle für den Winter oder für die Sommerhitze aus Baumwolle. Damit sehen Sie garantiert einheimisch aus.
- Die bonbonfarben gestreiften Löffelgriffe werden von den Touareg, einem Nomadenstamm aus der Sahara, angefertigt.

Feilschen

- Kaufen Sie nicht an den Ständen rund um den Jemaa El Fna ein, denn die vielen Souk-müden Touristen verderben hier die Preise. Sie sind teilweise doppelt so hoch wie an den Ständen ein paar Meter weiter, das Feilschen ist hier viel schwieriger und die Qualität der Ware oft geringer.

Wenn Sie in den Souks einkaufen:

- Lassen Sie sich nicht anmerken, wenn Ihnen etwas gefällt. Überlegen Sie sich, wieviel Sie zahlen wollen, bevor Sie nach dem Preis fragen.
- Bieten Sie weniger als Sie zahlen würden und erhöhen Sie langsam den Preis, ohne sich von den Protesten des Anbieters beeindruckt zu zeigen.
- Wichtigste Regel: Behalten Sie gute Laune. Es ist alles nur ein Spiel.

Öffnungszeiten

Die Souks sind von samstags bis donnerstags von 9 bis 20 Uhr geöffnet und freitags von 12 bis 20 Uhr, aber einige Geschäfte in den Souks sind freitags ganz geschlossen oder nur vormittags geöffnet. Die Händler in der Nähe des Jemaa El Fna haben freitags oft bis Mitternacht geöffnet. Die meisten Läden in der Neustadt sind sonntags ganz und an allen anderen Tagen von 13 bis 15.30 Uhr geschlossen.

Großeinkauf

- Denken Sie an die Frachtkosten, bevor Sie größere Gegenstände kaufen.
- Teppiche müssen nicht einzeln versandt werden, die Geschäfte können sie falten und in einer Transportkiste als Luftfracht versenden.
- Die Suche nach echten Antiquitäten gleicht der Suche nach der Stecknadel im Heuhaufen. Schnäppchen sind rar und der wahre Wert schwer zu einzuschätzen.

Gezielt shoppen

Die besten Boutiquen

33 Rue Majorelle (➤ 126)
Lalla (➤ 109)
Moor (➤ 126)

Innenausstattung und Dekoration

L'Orientaliste (➤ 126)
Original Design (➤ 89)
Scènes de Lin (➤ 126)

Das schönste Kunsthandwerk

Akkal-Amira (➤ 126)
Mustapha Blaoui (➤ 109)
Mohammed Bounmentel (➤ 89)
Ensemble Artisanal (➤ 56)

Gute Geschäfte im Souk

Akbar Delights (➤ 63)
Aya's (➤ 89)
Boutique Bel Hadj (➤ 63)
Souk El Cherifia (➤ 109)

Sprachführer

Basar souk
Das ist teuer Innahoo galee
Das ist genug kafee
Wieviel kostet das? Kam si'ruh hatha?
Haben Sie eine andere Farbe? Lawanan akhar?
Wo ist ein Spiegel? Aynal mir'ah?
geöffnet mahlul
geschlossen mahdud

Ausgehen

Das Nachtleben Marrakechs findet in zwei getrennten Stadtteilen statt. In der alten Medina ist es schwierig, außerhalb der Hotels alkoholische Getränke zu bekommen, da der Alkoholgenuss in Sichtweite einer Moschee untersagt ist. Mit einer wachsenden Anzahl moderner Bars und Nachtclubs macht die Neustadt den Mangel in der Medina allerdings mehr als wett. Viele Europäer kommen hierher, um ein Wochenende in der Sonne und den Clubs zu genießen.

Traditionell

Die größte Anziehung üben die abendlichen Essensstände auf dem Jemaa El Fna aus. In diesem riesigen Freiluft-Restaurant können Sie köstlichstes marokkanisches Fastfood an den zahlreichen Ständen kaufen. Hier einmal zu essen ist ein Muss auf Ihrer Reise, es macht einfach Spaß. Sobald es dunkel wird, steigen Rauchwölkchen über hunderten von Ständen auf und der Platz füllt sich mit Gauklern und Schlangenbeschwörern, jungen Boxern, Folkloremusikern und Travestietänzern. Lassen Sie sich vom Tanz, den Trommeln und dem Klatschen der Gnawa verzaubern, aber vergessen Sie nicht, ihnen auch einen Obolus abzugeben.

Hell erleuchtet

Sowohl die Koutoubia Moschee als auch die Stadtmauern der Medina sind bei Nacht hell angestrahlt. Spazieren Sie nach Einbruch der Dunkelheit durch die Gärten der Koutoubia, um das geistliche Zentrum Marrakechs im Scheinwerferlicht zu erleben. Die Dämmerung eignet sich hervorragend für eine Kutschfahrt mit einer *calèche*. Der Verkehr hat sich nun beruhigt und die hell angestrahlten Stadtmauern bieten eine romantische Kulisse.

Alles Show

In vielen marokkanischen Restaurants mit Touristenmenüs werden Bauchtanz und Folkloremusik aufgeführt. Das moderne Comptoir (➤ 124) bietet Menüs à-la-carte und eine hervorragende Bauchtanzvorführung.

Ins 21. Jahrhundert

Die Neustadt erfindet sich laufend neu. Sie ist ganz auf die Bedürfnisse der Weltbürger des 21. Jhs. ausgerichtet. In der Medina mag es schwierig sein, ein Bier zu bekommen, in Guéliz, Hivernage und Umgebung ist das überhaupt kein Problem. In diesem nordafrikanischen Las Vegas finden Sie Casinos, Bars, Lokale mit Bauchtanz und Nachtclubs, die bis zum Morgengrauen geöffnet haben.

In La Palmeraie und dem ganzen Umland Marrakechs lassen internationale Unternehmen Palmenhaine und Buschland für riesige Ferienresorts mit Casinos und Nachtclubs roden – dies gehört mit zum Entwicklungsplan des jungen Königs. Er verspricht sich davon Jobs und damit einen steigenden Lebensstandard für seine Untertanen, von denen noch viele Analphabeten sind und unterhalb der Armutsgrenze leben. Hier zeigt sich Marrakesch von seiner modernsten Seite.

Kaffeekultur

Die Cafés der Neustadt bieten viel mehr als nur eine Tasse Cappuccino. In den Cafés schlägt das kulturelle Herz des Viertels, man trifft sich hier um zu sehen und gesehen zu werden, Geschäfte zu machen oder für ein Rendezvous. Sie sind von vormittags bis in die frühen Morgenstunden des Folgetags geöffnet und zu jeder Tageszeit Oasen der Erholung im Trubel Stadt.

Kulturtipps im Taschenformat

Besorgen Sie sich das monatlich erscheinende, kostenlose *Marrakech Pocket* (www.marrakechpocket.com), das in Geschäften und Hotels ausliegt. Es erscheint zwar nur auf Französisch, aber sein Veranstaltungskalender sowie die Informationen zu Bars und sonstiger Unterhaltung sind leicht verständlich.

Feste

- **Januar** Marrakech-Marathon: Mehr als 5 000 Läufer nehmen an einem de schnellsten Marathons der Welt teil.
- **Februar** Dakka Marrakchia Fest, Marrakech: Ein fünftägiges Festival, bei der eine über 1000 Jahre alte Tradition gefeiert wird. Mit Trommelvorführungen von lokalen Musikern werden die sieben Schutzheiligen von Marrakech gefeiert, die in unterschiedlichen Vierteln der Medina begraben sind.
- **April** Printemps des Alizés, in Essaouira: Viertägiges Festival klassischer Musik mit Orchester, Kammermusik und Oper (www.alizesfestival.com).
- **Juni** Festival der Gnawa, Essaouira: Fünftägiges Musikfestival mit internationaler Musik der Gnawa (www.festival-gnaoua.net).
- **Juli** Festival National des Arts Populaires, Marrakech: Musiker, Tänzer und Akrobaten aus ganz Marokko finden sich während dieses fünftägigen Festivals in der Stadt zusammen. Fête du Trône (Thronfest): Jahrestag der Thronbesteigung von König Mohammed VI 1999 mit kostenloser Unterhaltung und Feuerwerk.
- **August** Imilchil Hochzeitsfest, Hoher Atlas: Traditioneller, öffentlich abgehaltener Heiratsmarkt der Berber.
  Moussem von Setti Fatma, Ourika-Tal: sehr traditionelles Fest für die Heilige Setti Fatma mit Musik und einem großen Souk.
- **November/Dezember** Internationales Film Festival, Jemaa El Fna und Palais El Badii, Marrakech: Weltkino mit internationalen Stars und Open-Air Vorführungen (www.festivalmarrakech.info).

Aktivitäten im Freien

Sie können bei Essaouira windsurfen (Boulevard Mohammed V, Tel. 0524 783 934; www.oceanvagabond.com), auf Kamelen oder mit Geländewagen Ausflüge durch die Sanddünen (Hotel Club Palmariva, Km 6 route de Fès, Tel. 0661 246 948; www.dunesdesert.com) unternehmen oder auf einer der drei eleganten 18-Loch-Anlagen Marrakechs Golf spielen (➤ 128, Royal Golf Club, Neustadt). Oder Sie unternehmen einen Ausritt in die Berge von der Domaine de La Roseraie in Ouirgane (www.laroseraiehotel.com) zu den spektakulären Wasserfällen im Ourika Tal (➤ 142) und hoch zum Jebel Toubkal (➤ 146). White Water Rafting (www.moroccoadventuretours.com) organisiert Abenteuerurlaub in der Umgebung von Marrakech.

Für Kinder

Kinder lieben Spaziergänge durch die exotische Medina und Marokkaner lieben es, Kinder zu unterhalten. Riads können für Kinder allerdings zu eng werden, wahrscheinlich ziehen Sie ein Resort-Hotel mit Pool in der Neustadt vor. Es gibt verschiedene Aktivitäten speziell für Kinder:

- Kawkab Jeux (1, Rue Imam Chafaï, Kawkab Centre Harti, Guéliz, Tel. 0524 43 89 29; www.kawkab-jeux.com) ist ein Zentrum mit Reitangeboten, einem Karussell, einem Raum voller Bälle sowie einem Café mit Leibspeisen von Kindern (Pfannkuchen, Pizza, usw.).
- Oasiria (Km 4 route de Barrage, Tel. 0524 38 04 38, täglich 10–18 Uhr, Tageskarte 180 DH, www.oasiria.com) ist ein in einem Park gelegenes Erlebnisbad mit Wasserrutschbahnen, riesigem Wellenbad, mehreren Schwimmbecken, Kinderbecken und einem Restaurant.

Strandclubs

Marrakech ist verrückt nach Luxus-Strandclubs à la St. Tropez. Tanken Sie tagsüber Ihre Sonne am Swimmingpool, um nachts die Restaurants, Nachtclubs und Chill-out Lounges unsicher zu machen. In Nikki Beach (➤ 127) trifft sich die jugendliche Szene, und La Plage Rouge (➤ 127) hat einen riesigen Pool. Sofitel bietet die So Night & Day Lounge, eine rund um die Uhr geöffnete Lounge-Bar mit Restaurant.

Innere Medina

Erste Orientierung

Mit seinem verwinkelten Grundriss ist der zentrale Platz Jemaa El Fna das pulsierende Herz der Medina und die größte Attraktion der Stadt. Er ist so alt wie die Stadt selbst und heute wie eh und je Marktplatz, Unterhaltungsplatz und Treffpunkt.

Der Jemaa El Fna (Aussprache: die Buchstaben werden rasch und fließend über die Zunge gerollt) und seine unmittelbare Umgebung sind die Innere Medina. Im Süden reicht sie bis zur Koutoubia Moschee, im Norden verliert sie sich in den Gassen der Souks. Dieses Viertel, in dem die Menschen mit den Tieren auf engem Raum leben und die Marktstände dicht an dicht stehen, ist Tag und Nacht von Besuchern bevölkert. Besonders am Abend ist auf dem Jemaa El Fna viel los. Dann wird er zu einem großen Open-Air-Restaurant, zu einem Ort, an dem uralte Geschichten erzählt werden und die Musik der Gnawa erklingt. Hier können Sie Akrobaten zuschauen, sich die Zukunft voraussagen lassen oder ein traditionelles marokkanisches Heilmittel erwerben.

Seite 43: Farbenfroh lackierte Holztische werden im Chouari Souk der Tischler angeboten

Rechts: Im Färber-Souk trocknet gefärbte Wolle in der Sonne

★ Nicht verpassen!

Nach Lust und Laune!

Mit der Dämmerung verwandelt sich der Jemaa El Fna in ein unterhaltsames Open-Air-Restaurant

An einem Tag

Wenn Sie nicht wissen, wo Sie in der Inneren Medina beginnen sollen, finden Sie hier praktische Vorschläge für einen angenehmen Tag, der Sie auch zu einigen der Sehenswürdigkeiten der vorherigen Karte führt. Weitere Informationen finden Sie bei den Haupteinträgen.

9 Uhr

Beginnen Sie mit einem starken Kaffee im **Café de France** (unten; ➤ 60). Beobachten Sie von einem Platz am Bürgersteig oder auf der Terrasse den Strom der Besucher, die in Richtung Jemaa El Fna unterwegs sind.

10.30 Uhr

Überqueren Sie den **6 Jemaa El Fna** (➤ 58) in Richtung Place Foucauld. Von hier aus mieten Sie entweder eine Kutsche oder gehen zu Fuß die kurze Strecke hoch zur belebten Avenue Mohammed V. zum **4 Ensemble Artisanal** (rechts; ➤ 56). Hier werden Souvenirs, Windlichter und Pantoffel zu Festpreisen angeboten. Die Auswahl ist nicht so gut wie im Souk.

11.30 Uhr

Erfrischen Sie sich mit einem Minztee im schlichten Innenhof-Café des Ensemble Artisanal.

12 Uhr

Folgen Sie der Avenue Mohammed V. bergab bis zur **1 Koutoubia Moschee** (➤ 48). Dieser wichtige heilige Ort ist für Nicht-Muslime nicht zugänglich, aber ein Spaziergang durch die Parkanlage und zum **5 Grab der Lalla Zohra** (➤ 56) lohnt sich. Wenn Sie am Freitag kurz vor der Gebetszeit kommen (dem Hauptgebet um die Mittagszeit, die genaue Uhrzeit ist aber unterschiedlich), können Sie unzählige Gläubige auf ihrem Weg zur größten Moschee der Stadt beobachten.

13 Uhr

Genießen Sie ein leichtes, günstiges marokkanisches Mittagessen (Salat, Couscous, Grillgerichte, Omelette) im Chez Chegrouni (€; ➤ 60f) am Südende des Platzes und schauen Sie den vorbeiströmenden Massen zu. Sie müssen nicht reservieren, aber wenn Sie auf einer der Terrassen sitzen möchten, müssen Sie eventuell ein wenig warten.

14.30 Uhr

Gönnen Sie sich eine Entspannungsmassage (vorher anmelden!) im stylischen Spa des **Hotel Les Jardins de la Koutoubia** (➤ 64) und genießen Sie ein Bad im überdachten Pool. Danach sind Sie fit genug für das Getümmel in den Souks.

17 Uhr

Spazieren Sie zurück zum Jemaa El Fna und tauchen Sie in die Welt der **3 Souks** (rechts; ➤ 52) ein. Hier wird das Shoppen zur Herausforderung. Die meisten Stände sind bis 20 oder 21 Uhr geöffnet, rund um den Platz sogar bis Mitternacht. Sie haben also genug Zeit zum Stöbern und Feilschen.

19 Uhr

Suchen Sie sich einen Platz bei den Imbissbuden des **2 Jemaa El Fna** (➤ 50) und probieren Sie das köstliche marokkanische Fastfood wie Kichererbsen und Tomaten traditionell serviert mit Datteln, oder Schneckensuppe.

1 La Koutoubia Moschee

Das berühmte Minarett der Koutoubia Moschee aus dem 12. Jh. ragt hoch über den Jemaa El Fna. Die Moschee, die nur von Muslimen betreten werden darf, ist das religiöse und architektonische Zentrum Marrakechs.

Der hohe quadratische Turm bestimmt die Westansicht des Jemaa El Fna und diente vielen anderen Türmen in Marokko und der ganzen Welt, von Moskau bis Manhattan, als Vorbild. Viele Moscheen ahmen die Proportionen der Koutoubia und architektonische Details wie ihre Zinnen oder Keramikkacheln nach. Der Muezzin erklimmt die sechs Etagen, die miteinander über Rampen verbunden sind, auf seinem Esel.

Über den Turm

Die Proportionen des Turms bilden ein harmonisches Verhältnis von Höhe zu Breite, genau fünf zu eins, und jede seiner Seitenansichten stellt ein anderes kunstvolles Motiv zur Schau.

Die zurückhaltenden Verzierungen passen zur imposanten Architektur und verbinden die schlichte Gestaltung mit großem kunsthandwerklichen Können. Bedauerlicherweise ist der blau-weiße Fries ganz oben kaum sichtbar, doch der Gesamteindruck von Anmut und Kraft, den Muslime mit Allah verbinden, wird deutlich spürbar.

Das Minarett wird von vier, sich nach oben verjüngenden Kupferkugeln gekrönt. Eine Legende erzählt, dass es einst nur drei Kugeln waren, die aber aus Gold waren. Für die vierte Kugel wurde der Schmuck von Yacoub el Mansors Frau eingeschmolzen, weil sie im Ramadan das Fastengebot brach.

Laut und klar

Ganz oben auf dem 69 m hohen Minarett sind Lautsprecher angebracht, die das *adhan* verstärken. Bei den meisten Moscheen wird der Ruf zum Gebet von einer Aufnahme abgespielt, hier aber ruft der Muezzin persönlich fünf Mal täglich die Gläubigen zum Gebet. Außerdem gibt es eine Fahnenstange, deren Spitze nach Mekka zeigt. Früher wurde

EINIGE ZAHLEN

- Das Minarett ist 69 m hoch und hat eine Seitenlänge von 12,8 m. Die Gesamthöhe der Moschee bträgt 77 m.
- Die große Gebetshalle besteht aus 16 Schiffen mit 112 Säulen.
- Die Moschee hat die beachtliche Grundfläche von 5400 m².
- In der großen Gebetshalle finden 25000 Gläubige Platz.

inks und unten:)as schöne /lauerwerk der Moschee ist auf eder Seite unerschiedlich

zur Gebetsstunde eine Fahne gehisst, was auch heute noch gemacht wird, wenn die Lautsprecher ausfallen.

Vergangenheit und Gegenwart

Die Koutoubia Moschee verdankt ihren Namen den Buchhändlern (*koutoubia*), die ab dem 7. Jahrhundert religiöse Schriften im benachbarten Souk verkauften. Die älteren, um 1150 errichteten Fundamente, sind durch die Gitter neben der aktuellen Moschee noch sichtbar. Die Hauptstruktur der Moschee wurde 1158 erbaut. Das Minarett stammt von Yacoub El Mansour. Die ursprüngliche Moschee war angeblich nicht exakt gen Mekka ausgerichtet und wurde daher abgerissen.

Die gepflegten Gärten der Koutoubia laden zu einem Spaziergang um die Moschee ein (➤ 131). Eisverkäufer machen hier ein gutes Geschäft. Die Einheimischen verweilen gerne auf den schattigen Bänken inmitten von Rosen, Orangenbäumen und Vogelgezwitscher.

KLEINE PAUSE

Genießen Sie im Café de Koutoubia (€; ➤ 60) auf der anderen Seite der Av. Mohammed V. ein Getränk mit Blick auf die Moschee.

164 A1 Avenue Bab Jedid Kein Zutritt für Nicht-Muslime

KOUTOUBIA MOSCHEE: INSIDER-INFO

Top-Tipp: Gehen Sie zur Gebetsstunde zur Moschee, um den Menschenandrang zu erleben. Sie hören den *adhan* zehn Minuten vor Gebetsbeginn, fünfmal täglich zwischen Morgen- und Abenddämmerung. Die genaue Zeit verschiebt sich jeden Tag.

Geheimtipp: Wenden Sie sich unter dem Rundbogen vor der Moschee nach links und fotografieren Sie Ecke des Turms mit der Palme.

Außerdem: Die wunderschöne, dekorative *minbar* (gestufte Kanzel) der Koutoubia Moschee können Sie im Palais El Badii besichtigen (➤ 73).

2 Jemaa El Fna am Abend

Essen Sie unter tausend Sternen und mit tausend Anderen im Kreis von Wahrsagern und Schlangenbeschwörern in einem der größten Freiluftrestaurants der Welt. Sobald die Dämmerung beginnt, gehen die Gaslaternen an und der Rauch von über 100 Grills schwängert die Luft auf dem Jemaa El Fna (➤ 58).

Jemaa El Fna ist ein Magnet für Touristen und Einheimische gleichermaßen, und seine Partyatmosphäre ist schon seit Jahrhundert ein charakteristisches Merkmal der Stadt. Als das Leben dort durch die Explosion einer Nagelbombe im Café Argana, ein Restaurant am Rande des Platzes, im April 2011 abrupt zum Stillstand kam, waren Marokkaner in aller Welt tief schockiert. Allerdings konnte der erste terroristische Anschlag in der Geschichte des Landes die Händler und Unterhaltungskünstler nicht abschrecken und so geht der Spaß auf dem Platz weiter. Sie sollten allerdings die Ratschläge zur persönlichen Sicherheit beachten (➤ 157).

Essensstände

Manche locken mit einem scherzhaften »Starvin' like Marvin?« oder »Fish and chips?« Vielleicht finden Sie die marktschreierischen Standbesitzer aufdringlich, aber keine Sorge, die Polizisten in Zivil sorgen für Zurückhaltung. »Willkommen in meinem klimatisierten

Der Essensstände am Jemaa El Fna sind ideal, um echte marokkanische Küche zu kleinen Preisen kennen zu lernen

Der Markt ist ein Freudenfest für alle Sinne

Restaurant mit fünf Sternen« ist als Scherz gemeint, aber diese Garküchen bieten tatsächlich einzigartige marokkanische Gerichte an.

Einige Stände haben Speisekarten auf Englisch oder Französisch, andere spezialisieren sich auf ein einziges Gericht. Beginnen Sie mit Brot und einem pikanten Tomaten-Dip. Probieren Sie Kebab mit saftigem Fleisch und Gemüse, gemischte Salate, scharfe Würstchen und die hervorragenden Pommes frites. Alkohol wird auf diesem Markt in Sichtweite der Moschee allerdings nicht ausgeschenkt.

Freiluftfest und Spaß

Jeden Abend präsentieren sich hier vor den Augen neugieriger Touristen Kunst und Kultur. Lassen Sie sich vom Spektakel der Wahrsager, der knallbunt gekleideten Wasserverkäufer, die ihre Kupfertassen schwenken und von den Heilern – die auch Zähne ziehen – in ihren Bann ziehen.

KLEINE PAUSE

Genießen Sie die Atmosphäre nach dem Essen bei einer Tasse Minztee im nahe gelegenen **Les Terrasses de l'Alhambra** (€) oder im Café Glacier (€; ➤ 58).

164 B1 **Jemaa El Fna** **tägl. 18 Uhr bis Mitternacht** **frei**

JEMAA EL FNA AM ABEND: INSIDER-INFO

Top-Tipps: Einige Stände begrüßen die Gäste mit einem Teller Oliven und Brot, der allerdings in Rechnung gestellt wird. Wenn Sie dies nicht möchten, lassen Sie den Teller sofort zurückgehen.

- Vergessen Sie nicht, dem Kellner Trinkgeld zu geben, am besten so, dass der Standinhaber es nicht sieht.
- In der Regel wird nach dem Essen bezahlt, aber einige Imbisse bestehen auf eine Zahlung im Voraus.
- Insgesamt sind es über 100 nummerierte Stände. Merken Sie sich die Nummer, wenn es Ihnen besonders gut geschmeckt hat, falls Sie wieder kommen wollen.

Geheimtipp: Genau wie in den Souks gibt es hier viele Stände, die Ähnliches verkaufen. Daher versucht jeder, die anderen zu übertreffen und es wird viel gescherzt. Bevor Sie die Nase rümpfen, überlegen Sie, wie schwer es umgekehrt für Sie wäre, einen Witz auf Arabisch zu machen. Teil des Vergnügens ist auch eine Portion Humor.

3 Die Souks

Im engen, dunklen Gassengewirr der Basars bzw. Souks (traditionelle Märkte) führt jeder Eingang in eine Schatzkammer voller bunter, exotischer Geheimnisse. Egal, ob Sie etwas kaufen möchten oder einfach nur die mittelalterliche Atmosphäre dieses Markts erleben wollen, Sie kommen im Gedränge zwischen den Ständen nördlich des Jemaa El Fna garantiert auf Ihre Kosten.

Souks findet man überall in Marokko, aber die von Marrakech sind landesweit die größten. Die Souks sind das Lebenselixier Marrakechs – einer Stadt, die aus einem Handelsposten in der Wüste entstand (➤ 11). In den Anfängen trafen sich hier Afrikaner von jenseits der Sahara und Spanier, die über das Mittelmeer kamen um mit Gold, Elfenbein, Leder und Metallwaren zu handeln. Bahnen Sie sich einen Weg zwischen den Eselkarren und Mopeds durch die verstopften Straßen. Hier finden sie auf wenigen Metern dicht gedrängt mehrere hundert winzige Geschäfte, eines wie das andere nicht größer als ein begehbarer Schrank.

Früher versorgte sich hier die einheimische Kundschaft aus der Stadt und ganz Marokko mit Waren des täglichen Bedarfs. Der Tourismus hat aber mittlerweile das Gesicht der Souks verändert. Die Händler tauschen ihr traditionelles Sortiment

Oben: Berge von getrockneten Kräutern und Gewürzen im Souk Talaa

Unten: Typisches Bild im rue Souk Semmarine

Verschnörkelte Schmiedearbeiten im Souk Haddadine

zunehmend zugunsten überteuerter Souvenirs aus. Direkt am Jemaa El Fna ist die Qualität der angebotenen Ware daher meist zweifelhaft.

Spezialisierte Souks

Ein guter Ausgangspunkt ist die Hauptverbindung von Süd nach Nord, die **Rue Souk Semarine**, die an der Nordseite des Jemaa El Fna beginnt. Diese Durchgangsstraße ist mit Ständen gesäumt, die die typischen Touristenware wie *babouches* (die traditionellen Pantoffeln), bemalte Teegläser und bunt gefärbte Lederpuffs anbieten.

In allen Seitenstraßen gruppieren sich die verschiedensten historischen Spezialgeschäfte. Im Zentrum die *kissarias*, ein Netz winziger überdachter Ladenstraßen, in denen Textilien, unter anderem wunderschön bestickte Kleider, verkauft werden. Nördlich liegen die Gewürzstände neben Werkstätten von Tischlern und Schmieden.

Es gibt noch Souks, die ihre traditionelle Ware verkaufen, z. B. Gewürze, Körbe oder Lederwaren, aber die meisten bieten inzwischen ein einheitliches Sortiment verschiedener Artikel an. Eine willkommene Ausnahme ist das Souk des Teintures (Färber-Souk), leicht zu erkennen an den bunten Wollbüscheln und Stoffen, die zum Trocknen aufgehängt werden. Die Farben sind zum Teil Naturprodukte (Safran für Orange, Kurkuma für Gelb) es werden aber auch Farbstoffe verwendet wie sie die Gerbereien benutzen (► 102).

ZUM ERSTEN, ZUM ZWEITEN, ZUM DRITTEN

Am Nordende von **Rahba Kedima** (► 58) liegt die Criée Berbère (Berber-Auktion) mit ihren unzähligen Teppichen oder der Souk Zrabia.
Hier befand sich einst der Sklavenmarkt, bis die Praxis 1912 von den Franzosen verboten wurde. Heute werden hier nur noch Teppiche versteigert. Es ist ein herrliches Spektakel. Die interessantesten Teppiche werden von den Berbern aus dem Hohen Atlas hergestellt.

In der Regel findet täglich um 16 Uhr eine Auktion im Criée statt, bei der die Käufer sich lautstark gegenseitig überbieten. Als Tourist wird es Ihnen aber wohl leichter fallen, in den Geschäften des Criée zu handeln.

HEIMREISE

Vermeiden Sie schwere, sperrige oder zerbrechliche Mitbringsel. Sonst zahlen Sie Gebühren für Übergepäck, oder Sie finden zuhause nur noch Scherben Ihrer marokkanischen Teegläser und Windlichter vor.

Möglich, dass Sie für den Transport extra einen neuen Koffer kaufen und sich mit dem zusätzlichen Gewicht nachhause quälen, nur um dann vor Ort oder im Internet einen ganz ähnlichen Artikel zu finden. Zügeln Sie Ihren Kaufrausch und investieren Sie lieber etwas Zeit in eine kleine Recherche vorab.

Orientierung

Im Gewirr der winzigen Gässchen mit den immergleichen Waren und ohne Orientierungspunkte ist es fast unmöglich, sich nicht zu verlaufen. Machen Sie sich keine Sorgen, wenn Sie die Orientierung verlieren: das Souk-Viertel ist ziemlich klar abgegrenzt. Wenn Sie sich wirklich verirrt haben, wenden Sie sich nicht an die jungen Schnorrer auf der Straße, sondern fragen Sie die stets hilfsbereiten Ladenbesitzer. Und kaufen Sie, wenn Ihnen etwas gefällt. Glauben Sie nicht, dass Sie dasselbe Geschäft wieder finden.

Rechte Seite: Lampen in einem Geschäft in der Nähe des Töpfer-Souks

Unten: Bunte Gläser mit Pigmenten im Souk Talaa

Strategisches Verhandeln

Für reine Window-Shopper sind die Souks eine Mutprobe, doch niemand kann Sie zwingen, etwas zu kaufen. Schauen Sie sich in Ruhe um und lassen Sie sich nicht anmerken, was Ihnen am besten gefällt, das verdirbt den Preis. Nennen Sie anfangs höchstens die Hälfte des Preises, den Sie zahlen würden. Die Regeln sind mit einer Auktion vergleichbar: Bieten Sie nicht, wenn Sie nicht kaufen wollen. Studieren Sie das Preisniveau in den staatlichen Warenhäusern Centre Artisanal (➤ 83) oder Ensemble Artisanal (➤ 56), wo feste Preise gelten. Das Wichtigste ist, dass Sie Ihren Humor behalten. Nehmen Sie einen Minztee an und lernen Sie von den besten Händlern der Welt.

KLEINE PAUSE

Im reizenden Café des Épices (€; ➤ 60) können Sie einen Minztee und einen einfachen, hausgemachten Snack bekommen oder Sie legen eine Atempause im **Café Bougainvillea** (€; ➤ 107) ein.

164 C2 ✉ Innere Medina
☎ kein Telefon ⌚ Sa–Do 9–20, Fr 12–20 Uhr, die Stände um den Jemaa El Fna sind bis Mitternacht geöffnet

DIE SOUKS: INSIDER-INFO

Top- Tipps: Einige größere Geschäfte akzeptieren Kreditkarten, aber meistens wird nur Bargeld angenommen. Auf dem Place des Épices gibt es einen Gelautomaten.

- Obwohl die Souks den ganzen Tag und am Freitag ab Mittag geöffnet sind, ist die Atmosphäre am frühen Abend am schönsten. Um diese Zeit sind sowohl Einheimische als auch Touristen unterwegs.

Nach Lust und Laune!

4 Ensemble Artisanal

In dem von der Regierung betriebenen Handwerkskomplex finden Sie nicht nur Handwerker bei der Arbeit, sondern auch ihre Waren, die meisten davon in hervorragender Qualität, da sie mit königlichem Erlass gefertigt werden. Der Verkauf erfolgt zu Festpreisen. Das Ambiente wirkt zwar etwas heruntergekommen und nicht so schick und gut sortiert wie im vergleichbaren Centre Artisanal (➤ 83), aber es liegt zentral und ist mit seinem Innenhof und Café weniger beengend. Hier zahlen Sie für größere Artikel etwa ein Drittel mehr als an den Marktständen, aber Sie ersparen sich das zähe Feilschen. Kleinere Gegenstände sind preislich vergleichbar, aber qualitativ besser als in den Souks, wo Sie aufpassen müssen, dass man Ihnen keine Plastikpantoffel als echtes Leder verkauft. Shoppingexperten verschaffen sich hier einen Preisüberblick, bevor sie Ihre Geschäfte in den Souks angehen. Andere bevorzugen die gelassene Atmosphäre gegenüber dem quirligen Soukbetrieb. Achten Sie aber auch hier auf gleichgültige Geschäftsinhaber, die manchmal das vorgeschriebene Preisschild vergessen.

164 A1 ✉ Avenue Mohammed V
☎ 0524 38 68 76 ◷ tägl. 8.30–19.30 Uhr

5 Grab der Lalla Zohra

Im Schatten der Koutoubia Moschee (➤ 48) befindet sich die *koubba* der Lalla Zohra, ein bescheidenes, mit Zinnen geschmücktes Mausoleum mit einer Kuppel. Die Tochter eines religiösen Führers des 17. Jhs. wurde als Heilige verehrt. Der Legende nach soll sie sich nachts in eine weiße Taube verwandelt haben. Man glaubte, dass sie die Fruchtbarkeit förderte und Kinder beschützte. Fenster und Eingang des Mausoleums

Handwerker beim filigranen Schnitzen von Kacheln

Lalla Zohra war die Tochter eines religiösen Führers im 17. Jh., ihr Grab liegt neben der Koutoubia Moschee

wurden vor langer Zeit verschlossen, es ist nicht zugänglich. Das strahlend weiß gestrichene Grabmal mit seinen Zinnen und der schlichten Kuppel, liegt vor der hoch aufragenden Koutoubia Moschee. Angesichts des ständigen dröhnenden Verkehrs auf der Avenue Mohammed V kann man es leicht übersehen.

164 A1 ✉ Avenue Mohammed V, vor der Koutoubia Moschee nicht öffentlich zugänglich

6 Jemaa El Fna tagsüber

Jemaa El Fna, von den Einheimischen auch einfach als *la place* bezeichnet, ist zu jeder Zeit voller Leben. Obwohl die meisten Unterhaltungsangebote erst nach Sonnenuntergang starten, wenn die Hitze des Tages nachlässt, gibt es hier auch tagsüber viel zu sehen. Achten Sie in den Menschenmengen und dem Wirrwarr auf die Hinweise zur persönlichen Sicherheit (➤ 157); ein Restaurant am Rande des Platzes, Café Argana, war 2011 das Ziel eines terroristischen Anschlags.

Neben Schlangenbeschwörern, Akrobaten, Zahndoktoren, Wasserverkäufern und Tänzern treffen Sie sogar noch die aussterbende Zunft der Märchenerzähler. Gegen eine Gebühr beschwören sie die dramatischen Geschichten aus Tausend und einer Nacht für junge Zuhörer herauf, andere bevorzugen religiöse Themen. Schade, dass das Fernsehen diese mündlich überlieferte Kunst so schnell verdrängt. Diese authentische Unterhaltung ist kein Touristenköder, der Großteil der gebannten Zuhörer ist marokkanisch. Für die ganze Veranstaltung und für die Aufnahmen, die Sie machen, wird selbstverständlich ein kleiner Obolus erwartet.

Die Unesco hat den Jemaa El Fna in die Liste der »Meisterwerke des mündlichen und immateriellen Erbes der Menschheit« aufgenommen. Der Platz wurde zur Fußgängerzone erklärt, um das Fortbestehen dieses improvisierten Kulturraumes zu gewährleisten. Hier stolpern Sie über dösende Esel, Mopeds und schlafende Schlangen.

Zu jeder Tages- und Nachtzeit können Sie auf dem Jemaa El Fna frisch gepressten Orangensaft genießen. An die 50 Saftverkäufer konkurrieren um das Geschäft, indem sie ihre Standnummer ausrufen. Die Orangen sind günstig (Festpreis) und werden direkt vor Ihren Augen ausgepresst. Gehen Sie zu einem freundlichen Anbieter, achten Sie darauf, dass er keinen zu hohen Preis berechnet und verzichten Sie auf Eis. In der Abenddämmerung bietet sich mit dem Essensmarkt und den vielen hungrigen Besuchern eine völlig neue Atmosphäre.

164 C1

BLICK VON OBEN AUF DEN JEMAA EL FNA

Verschiedene Cafés um den Jemaa El Fna haben Dachterrassen mit Blick über den Platz. Sie servieren zwar Essen, es ist aber häufig von mittelmäßiger Qualität. Am besten kommen Sie also nur auf einen Drink hierher, vielleicht am frühen Abend, wenn Sie beobachten können, wie der Platz zum Leben erwacht, oder nach dem Essen auf einen Kaffee.

Café Glacier €–€€ (➤ 60)
Les Terrasses de l'Alhambra €–€€ (➤ 62)
Café de France €–€€ (➤ 60)

7 Place Bab Fteuh

Auf dem kleinen Platz Bab Ftouh zwischen dem Jemaa El Fna und den Souks, konkurrieren die Teeverkäufer in kleinen aber feinen Boutiquen um ihre Aufmerksamkeit. Ein Winkel in der südlichen Ecke des Platzes gehört den Olivenhändlern, die schwarze und grüne Pyramiden auftürmen. Am nordwestlichen Ende des Platzes liegt der Souk Fondouk Ouarzazi. Einst überquerten Kaufleute aus Timbuktu und dem Sudan die Sahara, um in den Souks von Marrakech mit Seide, Gewürze und Sklaven zu handeln. Sie schliefen in den oberen Etagen der *fondouks* (Herbergen), im Innenhof waren ihre Pferde untergebracht. Einige *fondouks* sind über 500 Jahre alt und fallen buchstäblich auseinander, andere, wie das Quarzazi, wurden zu einer Art marokkanischer Luxus-Mini-Mall umgebaut und verkaufen Antiquitäten.

164 B1 ✉ Place Bab Fteuh ⊙ Die meisten Stände sind von 9–21 Uhr oder später geöffnet und freitags vormittags geschlossen

8 Place Rahba Kedima

Dieser malerische Platz nordöstlich von Jemaa El Fna ist auch als Place des Épices oder Gewürzmarkt bekannt. Rund um den Platz finden Sie Verkaufsstände mit farbenfrohen Gewürzen, Chamäleons sowie traditionellen Kosmetika und Allheilmitteln. Die Besitzer laden ihre Kunden gern ein, diese Augenweide zu genießen. In der Mitte des Platzes verkaufen Berber-Frauen aus en Bergen ihre selbstgestrickten Mützen, Strohkörbe und andere attraktive ouvenirs. An der Nordseite des Platzes nden Sie farbenfrohe Teppiche. Diese narkieren den Eingang zum alten Sklaenmarkt, heute Criée Berbère oder Teppich-Souk (➤ 53). Auf dem Platz st zu jeder Tageszeit etwas los, machen Sie also eine Pause und beobachten Sie die Menge bei einem Minztee im beliebten Café des Épices (➤ 60).

164 C2 ✉ Rahba Kedima
tägl. 9–19 oder 20 Uhr

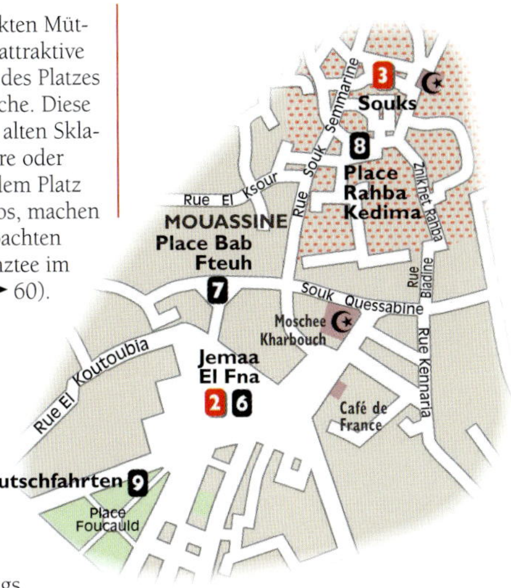

9 Kutschfahrten

Eine Rundfahrt mit einem Pferdegespann für bis zu fünf Personen oder eine Fahrt zu einem festen Ziel wie dem Jardin Majorelle (➤ 116) kann sehr unterhaltsam sein. Allerdings stört tagsüber der dichte Verkehr das beschauliche Vergnügen etwas. Sie sollten sich für eine Fahrt am Abend entscheiden. Obwohl die Regierung feste Stundenpreise eingeführt hat, die in den Kutschen aushängen, sollten Sie handeln und immer vorab einen Preis vereinbaren.

164 B1 ✉ Place Foucauld
tägl. 8 Uhr bis Mitternacht

Eine Kutschfahrt ist eine unterhaltsame Art, die Stadt zu sehen

FÜR KINDER

Kutschfahrten
Größere Kinder dürfen mit auf den Kutschbock.

Märchen erleben
Kinder sind auf dem Jemaa El Fna genauso hypnotisiert wie die Schlangen. Genießen Sie am Abend den Tanz, das Trommeln und das Klatschen der hypnotischen Gnawa-Künstler oder schauen Sie sich die Chamäleons in den Gewürzläden am Rahba Kedima an.

Leckeres Eis
Erfrischende Eiscreme und Sorbets mit einer Auswahl von ca. 40 Geschmacksrichtungen zum Mitnehmen oder hier essen bei Ice Legend.
164 C1 ✉ 52, Avenue Bab Agnaou, Jemaa El Fna ☎ 0524 44 42 00

Gesunde Alternative
Trinken Sie einen wirklich frisch gepressten Orangensaft unter dem schattigen Baldachin der bunten Wagen auf dem Jemaa El Fna. Sie sind alle gleich gut – kaufen Sie da, wo die Verkäufer am freundlichsten lächeln.

Wohin zum ... Essen und Trinken?

Preise
Die Preise gelten pro Person für ein Essen ohne Getränke (➤ 38):
€ unter 15 Euro €€ 15–30 Euro €€€ über 30 Euro

Andy Wahloo €
Weniger als fünf Gehminuten vom Gewürzmarkt entfernt ist dieser *salon de thé* und außergewöhnliche Laden im Riad Yima (➤ 63) eine Oase der Ruhe. Dekoriert ist er mit marokkanischer Popart des in London lebenden marokkanischen Künstlers Hassan Hajjaj (➤ 26f). Ein schöner Ort für einen einfachen Minztee und etwas Gebäck oder einen leichten Snack.
164 C2 ✉ Riad Yima, 2 derb Aajane, Rahba Kedima, Medina ☎ 0524 39 19 87; www.riadyima.com ⌚ 9–18 Uhr

Café Bougainvillea €–€€
Das riad-Restaurant bietet eine gute Auswahl internationaler und marokkanischer Küche. Es überrascht daher nicht, dass das Café ab mittags sehr gut besucht ist. Sie können auf der schattigen Terrasse im Innenhof sitzen oder in den bequemen Sesseln. Dieses freundliche Café ist ganz und gar auf die Bedürfnisse von Touristen eingestellt, erwarten Sie keine einheimischen Gesichter.
164 B2 ✉ 33 Rue Mouassine ☎ 0524 44 11 11 ⌚ tägl. von 11–22 Uhr

Café de France €–€€
Die abgewetzten Rattanstühle, die vergilbten Wände und die behäbigen Kellner verleihen diesem Café einen kolonialen Touch. Dieses Straßencafé ist der perfekte Ort für einen Kaffee am Morgen oder Abend und so nah an der Action, das es schon fast zu Jemaa El Fna gehört. Trotz der guten Aussicht ist das halbherzig klimatisierte Restaurant nicht die erste Wahl.
164 C1 ✉ Jemaa El Fna ☎ kein Telefon ⌚ tägl. von 6–23 Uhr

Café de la Koutoubia €
Die Rattanstühle auf dem Gehweg sind stets voller Touristen und einheimischr Kaffeetrinker. Ein beliebter Ort, um sich direkt an der lärmenden Avenue Mohammed V. mit Blick auf die Koutoubia Moschee unters Volk zu mischen.
164 B1 ✉ Ecke Rue Fatima Zohra und Avenue Mohammed V. ☎ kein Telefon ⌚ tägl. von 7–23 Uhr

Café des Épices €–€€
Dieses reizende, freundliche kleine Café ist einer der Oasen der Ruhe in den Souks. Von drei Etagen, zwei Terrassen und einer Dachterrasse aus haben Sie Blick auf den Platz mit seinen Gewürz- und Strohhut-Verkäufern (➤ 53). Bestellen Sie Minztee, Salat oder ein Sandwich. An den blutroten Wänden ist eine Wechselausstellung zu bewundern. Hier trifft sich eine spannende und interessante Mischung aus Touristen und Wahl-Marokkanern und Einheimischen. Ein cooles Restaurant für ein entspanntes Abendessen ohne Alkohol.
164 C2 ✉ 75 Rahba Kedima ☎ 0524 39 17 70; www.cafedesepices.net ⌚ tägl. 10–23 Uhr

Café Glacier €
Kommen Sie tagsüber auf die Dachterrasse, die abends mit Touristen überfüllt ist. Die Drehtür am Eingang und die Preise für das obligatorische Getränk sind nicht besonders einladend. Aber die Aussicht auf das emsige Treiben nach Einbruch der Dunkelheit ist herrlich.
164 C1 ✉ Hotel CTM, Jemaa El Fna ☎ 0524 42 23 25 ⌚ tägl. 8 Uhr bis Mitternacht

Chez Chegrouni €
An dieser einfachen Küche, die Kebab, Pommes frites, Salat und Suppen

verkauft, ist nichts auszusetzen. Kürzlich renoviert, aber immer noch geschmackvoll mit Mosaiken und einer geschnitzten Holzveranda ausgestattet, wurden früher die Bestellungen auf eine Serviette geschrieben. Eine gute Option, wenn Sie den Menschenmassen an den Imbissen im Zentrum von Jemaa El Fna entfliehen möchten, aber noch die Atmosphäre der Peripherie genießen möchten.

164 C1 ✉ Jemaa El Fna
☎ 0524 65 47 46 🕑 tägl. 7–23 Uhr

Ensemble Artisanal Café €

Dieses kleine Innenhof-Café im Einkaufszentrum Ensemble Artisanal bietet sich für eine Verschnaufpause vom Shoppen an. Hier können Sie einen Minztee, einen Kaffee, oder sogar eine marokkanische Suppe oder *tajine* bestellen, bevor sie weiter einkaufen gehen. Sie können auch einfach ein Sandwich oder marokkanisches Gebäck auf die Hand nehmen.

164 A1 ✉ Avenue Mohammed V
☎ 0524 38 68 76 🕑 tägl. 8.30–19.30 Uhr

Les Jardins de Bala €€

Dies ist eines der fünf Restaurants auf der obersten Terrasse des Hotel Les Jardins de la Koutoubia. Es werden zwar hauptsächlich klassische indische und asiatische Gerichte serviert (gute Currys, Biryanis und Tandooris), aber die vegetarischen Angebote, kurzgebratene Meeresfrüchte und Tapas sind international. Der aufmerksame Service und der Blick auf die Moschee runden den Eindruck ab. Mittags empfehlen wir Ihnen einen leckeren Snack im Schatten eines Sonnenschirms, abends ein richtiges Gericht im klimatisierten Lokal.

164 B1 ✉ Les Jardins de la Koutoubia, 26 Rue El Koutoubia ☎ 0524 38 88 00; www.lesjardinsdelakoutoubia.com
🕑 tägl. 12–15.30, 19.30–24 Uhr

Jemaa El Fna Essensstände €

An den abendlichen Ständen des Jemaa El Fna (➤ 50) finden Sie eine riesige Auswahl an köstlichen und frisch zubereiteten Speisen. Scharfe Würstchen, Fisch mit Pommes frites, kross gebratener Tintenfisch, saftigen Kebab mit gemischtem Salat – alles wird mit Brot und scharfen Dips serviert. Einige Imbisse bieten Speisekarten auf Englisch oder Französisch an. Andere haben sich auf nur ein Gericht spezialisiert. Insgesamt stehen über 100 Imbisse zur Auswahl, die jeweils mit Nummern versehen sind. Bestellen Sie zuerst eine Vorspeise, z. B. Schnecken, und wählen Sie danach als Hauptgang *meze*, eine Mischung vieler kleiner Speisen. Als gesunden Nachtisch können Sie sich eine Tüte getrocknete Aprikosen oder Nüsse von den pyramidenförmigen Bergen an der Nordseite des Markts holen.

164 B1 ✉ Jemaa El Fna
🕑 tägl. Dämmerung–Mitternacht

Narwama €€

Genießen Sie zunächst einen Cocktail in der vornehmen Lounge dieses eleganten Restaurants in einem opulenten alten Riad. Als Zugeständnis an die Lage bietet die Küche einige marokkanische Gerichte, aber auch Pasta und Kebab und vor allem ziemlich gute thailändische Gerichte, die in der Karte je nach Schärfe sehr hilfreich mit ein bis drei Chilis markiert sind. Das Lokal ist nur zu Fuß durch eine sehr enge Gasse erreichbar.

164 B1 ✉ 30 Rue El Koutoubia
☎ 0524 44 08 44 🕑 tägl. 7–23 Uhr

Patisserie des Princes €

Das im Schaufenster dieser einladenden, hellen Konditorei ausgelegte Gebäck lässt einem das Wasser im Mund zusammen laufen. Sie können sowohl marokkanisches als auch französisches Backwerk wie Crêpes, Pain au chocolat und Croissants hier essen oder mitnehmen.

164 C1 ✉ 32 Rue de Bab Agnaou
☎ kein Telefon 🕑 tägl. 7–23 Uhr

Pizzeria Venezia €€

Die Pasta, Pizza und die Salate, die dieses Lokal zu bieten hat sind ausgezeichnet, allerdings hat es

wegen seiner Nähe zur Koutoubia Moschee keine Alkohollizenz. Die Aussicht von der luftigen Terrasse ist bei Sonnenuntergang besonders schön. Wenn Sie kleinere Kinder haben, liegen Sie hier goldrichtig.
164 A1 ✉ 279 avenue Mohammed V ☎ 0524 44 00 81 🕐 tägl. 12–15, 20–23.30 Uhr

Portofino Ristorante Pizzeria €€
Dieses schummrige italienische Restaurant wirkt eher wie die Filiale einer Pizzeriakette und ist bei Auswanderern und betuchten Marokkanern sowie Besuchern der Stadt beliebt. Eine große Auswahl an Pizzen aus dem Holzofen, selbstgemachte Pasta und hervorragende frische Salate bilden die Hauptgerichte. Aber auch Rindfleisch (Pfeffersteak, Kebab, Schnitzel), Meeresfrüchte sowie ein oder zwei marokkanische Spezialitäten (Couscous und Tagines) stehen auf der Speisekarte. Zum Nachtisch werden Eiscreme, Crêpes und Tiramisu serviert.
164 A1 ✉ 279 avenue Mohammed V ☎ 0524 39 16 65; www.portofino-marrakech.com 🕐 tägl. 12–23 Uhr

Le Marrakchi €€€
Wenn Sie die marokkanische Küche noch nicht gewohnt sind, ist das Le Marrakchi eine sichere Wahl. In diesem zweigeschossigen Lokal mit schönem Blick auf den Jemaa El Fna zu essen, ist sehr beeindruckend, wenn auch recht touristisch. Bier und Wein werden hier zu marokkanischen Spezialitäten in komfortablem Ambiente serviert. Kerzenlicht, marokkanische Musik und Bauchtänzerinnen sorgen für orientalische Atmosphäre.
164 C1 ✉ 52 Rue des Banques ☎ 0524 44 33 77; www.lemarrakchi.com 🕐 tägl. 12–1 Uhr

Riad El Fenn €€–€€€
Das stilvolle Riad (➤ 36) serviert ein leichtes, köstliches Drei-Gänge-Menü mit je drei Auswahlmöglichkeiten pro Gang. Mittag- und Abendessen wechseln täglich abhängig vom Marktangebot. Serviert wird auf der gemütlichen Dachterrasse mit herrlichem Blick über die Koutoubia-Moschee oder an kühleren Tagen im verspiegelten Bar-Restaurant, einem der Geheimnisse von Marrakech. Auswärtige Gäste müssen vorab reservieren.
164 B1 ☎ Derb Moulay Abdullah Ben Hezzian, Bab El Ksour ☎ 0524 44 12 20; www.riadelfenn.com 🕐 12–15, 20–23 Uhr

Snack Bar Imlil €€
Entspannen Sie bei einem leichten französischen oder internationalen Menü am Pool. Die Snack Bar Imlil ist eine gute Alternative zu den sehr guten, aber auch etwas steifen Restaurant. Zu den Gerichten zählen hervorragende Salate, Seeteufel-Kebab, Burger, Steaks, Omelettes und gefülltes Baguette, gefolgt von köstlicher Eiscreme und Sorbets.
168 B4 ✉ Les Jardins de la Koutoubia, 26 Rue El Koutoubia ☎ 0524 38 88 00; www.lesjardinsdelakoutoubia.com 🕐 tägl. 12–16 Uhr

Les Terrasses de l'Alhambra €€
Die Karte dieses Restaurants besteht aus einfachen Salaten, traditionellen marokkanischen Gerichten und Pizza mit herrlich dünnem Teig. Im Angebot sind auch Eiscreme und Sorbets, sogar in Kinderportionen. Das Lokal hat drei Etagen, von denen die luftige Dachterrasse an heißen Tagen die besten Plätze bietet.
164 B1 ✉ Jemaa El Fna ☎ 0524 42 75 70 🕐 tägl. 8–23 Uhr

Le Tobsil €€€
Dieses Restaurant gilt seit langem als eines der besten der Stadt. Es bietet ein festes Menü sowie Getränke und Aperitifs zu Live-Musik. Planen Sie reichlich Zeit ein, wenn Sie hierher kommen, denn es werden zahlreiche Gänge serviert. In typisch marokkanischem Stil zunächst eine Auswahl vegetarischer Mezze, um den Appetit anzuregen, dann traditionelle Taubenpastete mit Blätterteig, der im Mund zerfließt, gefolgt von Tagine (Hühnchen oder Lamm) mit Couscous. Wenn Sie dann noch Platz haben, können Sie das Essen mit einem starken Kaffee und süßem Gebäck oder frischem Obst beschließen.
164 B1 ✉ 22 derb Moulay Abdullah Ben Hezzian, Bab El Ksour ☎ 0524 44 15 23 🕐 Mi–Mo 20–23.30 Uhr

Wohin zum … Einkaufen?

In der Inneren Medina drängen sich die Souks und Geschäfte. Kaufen Sie aber nicht direkt an den Ständen rings um den Jemaa El Fna. Im Inneren der Souks finden Sie bessere Angebote und echten Einkaufsspaß. Im Ensemble Artisanal (➤ 56) können Sie sich nach Waren mit Festpreisen umschauen.

Das **Akbar Delights** (45, Place Bab Fteuh, Tel. 0671 66 13 07, Di–So 9.30–13, 15.30–19 Uhr) ist ein winziger Laden, in dem Sie edel bestickte Pantoffeln und Textilien aus indischer Seide bekommen. **Beldi** (9–11 Rue Mouassine, Bab Fteuh, Tel. 0524 44 10 76, tägl. 9.30–13, 16–19 Uhr) ist eine ähnliche, in der Nähe gelegene Boutique. Hier können Sie sich traditionelle Kleidung aus beliebigen Stoffen maßschneidern lassen.

Im obersten Stockwerk des Souk Fondouk Ouarzazi finden Sie die **Boutique Bel Hadj** (OG 22–23 Souk Fondouk Ouarzazi, Tel. 0524 44 12 58, tägl. 9–20 Uhr). Bari, der Besitzer, hütet eine Schatztruhe mit vielen handgearbeiteten Schmuckstücken aus Marokko und Westafrika zu fairen Preisen. Ebenfalls in den oberen Etagen dieses *fondouk* ist das **Fibule le Sud de Sahara** (27, Souk Fondouk Ouarzazi, Tel. 0670 96 52 73, tägl. 9–20 Uhr). Der lächelnde Eigentümer dieses kleinen Ladens ist Touareg und stammesgemäß in einen hellblauen Kaftan und Turban gekleidet. Er ist auf wunderschönen Schmuck der Berber und Touareg spezialisiert.

In einem kleinen Winkel in der Nähe des Jemaa El Fna liegt der **Souk Ableuh** (Place Bab Fteuh, tägl. 9–20 Uhr), die Stände hier sind auf Oliven jeder Farbe und Geschmacksrichtung spezialisiert. Kosten Sie grüne Oliven mit Chili oder dicke schwarze mit Zitrone.

Die Rue Souk Semmarine ist eine der Hauptstraßen des Souks. Sie führt vom Jemaa El Fna zum Rahba Kedima. Hier liegen einige gute, aber teure Antiquitätenhändler sowie **Le Fil d'Or** (10 rue Souk Semmarine, Tel. 0524 44 59 19, tägl. 9–19.30 Uhr), das maßgeschneiderte Shirts, Kaftans und andere Artikel anbietet.

Auf dem Place Rahba Kedima (➤ 58) finden Sie unzählige Gewürz- und Teppichhändler. Hier verkaufen Berberfrauen Körbe und handgestrickte Mützen. Auf dem Platz verkauft das **Bloom** (43 Rahba Kedima, Tel. 065 73 62 72, tägl. 9–19 Uhr) schöne Taschen von Nadège Arnaud. In der Nähe des Platzes liegt im **Riad Yima** das Geschäft von Hassan Hajjaj (➤ 26f). Hier werden die unkonventionellsten *jellabahs* der Stadt, Sitzpuffs aus Stoffen der 1970er Jahre, Popart-Möbel und alte marokkanische Filmplakate angeboten.

Die Fair-Trade-Boutique **Al Kawtar** (57 rue Laksour, Tel. 0524 3782 93; www.alkawtar.org, Mo–Fr 10–19 Uhr, Freitagvormittag geschlossen) ist eine Frauenkooperative für behinderte junge Mädchen. Sie bietet liebevoll verzierte Wäsche und Kleidung zu festen Preisen an. Es werden auch Stücke auf Bestellung gefertigt.

Gleich in der Nähe liegen weitere interessante Geschäfte, darunter **Kif-Kif** (8 rue des Ksours, Bab Laksour, Tel. 066108 20 41, tägl. 9–20 Uhr) mit hübschen Accessoires aus marokkanischen Stoffen. **Wish Wish Art** (23 rue Mouassine, Tel. 0524 39 09 90; www.wishwishart.com, tägl. 9–20 Uhr) ist vollgestopft mit Antiquitäten aus Marokko und dem Nahen Osten.

Auf der gleichen Straße liegt das **Atelier Moro** (114 rue Mouassine, Tel. 0524 39 16 78, tägl. 9.30–12.30, 14–19 Uhr), eine gemütliche Boutique (Sie müssen klingeln) voller stilvoller Designs und Fundstücken aus Souks weltweit.

Wohin zum … Ausgehen?

BARS

Strenge Regeln verbieten den Verkauf von Alkohol in der Nähe einer Moschee, daher gibt es in diesem Stadtteil wenige Bars und diese sind weit voneinander entfernt. Wir listen hier einige abseits gelegene Lokale auf, in denen Ihnen alkoholische Getränke serviert werden.

Café Arabe

Eines der wenigen Cafés der Inneren Medina, in denen Sie alkoholische Getränke bekommen. Aber es gibt in diesem italienisch geführten Betrieb auch hervorragenden Cappuccino und feines Gebäck. Ein kultivierter Ort, an dem eine Lounge Bar/Restaurant mit Kerzenlicht, Musik und italienisch-marokkanischem Essen lockt.

164 B2 ✉ 184 Rue Mouassine ☎ 0524 42 97 28; www.cafearabe.com ⌚ tägl. 10 Uhr–Mitternacht

Grand Tazi Hotel

In der Nähe des Jemaa El Fna gibt es nur hier preiswertes Bier. Sehr einfach und Anlaufstelle von Einheimischen und Rucksacktouristen, aber es gibt immerhin Stühle und die Stimmung ist gelöst.

164 B1 ✉ Ecke Avenue El Mouahidine und Rue de Bab Agnaou ☎ 0524 44 27 87 ⌚ tägl. 19–23 Uhr

Kssour Agafay

Kein Zweifel, hier entwickelt sich ein Club erster Klasse für das exklusive Marrakech, das den Reichen und Schönen oder Besuchern die über Beziehungen verfügen zugänglich ist. Ein selbsternanntes »kulturelles und internationales Kunstzentrum von Weltrang« strebt hier auf den Markt. Gut gekleidete Touristen haben zurzeit in der Regel kein Problem reinzukommen, auch wenn sie nicht Mitglied sind. Das Kssour Agafay Town und Country Club, ein Hotel mit Spa außerhalb der Innenstadt, werden von denselben Inhabern geführt.

164 B1 ✉ 52 Sabet Graoua ☎ 0524 42 70 00; www.kssouragafay.com ⌚ tägl. 12 Uhr–Mitternacht

Piano Bar Ouarzazi

In der dezenten Piano-Bar dieses Luxushotels serviert man Ihnen in wenig marokkanischer, aber angenehmer Stimmung ordentliche Cocktails.

164 B1 ✉ Les Jardins de la Koutoubia, 26 Rue El Koutoubia ☎ 0524 38 88 00; www.lesjardinsdelakoutoubia.com ⌚ tägl. 18 Uhr bis Mitternacht

KOCHKURSE

Souk Cuisine

Dieser sehr empfehlenswerte Kochkurs führt über den »Geschmack« in die hiesige Kultur ein. Gemeinsam besorgen Sie die Zutaten auf dem Markt, um dann im Haus traditionelle Gerichte zuzubereiten. Der äußerst angemessene Preis für einen Tageskurs beinhaltet ein Mittagessen mit Wein. Für engagierte Hobbyköche gibt es auch kulinarische Lehrgänge die eine ganze Woche dauern.

164 C2 ✉ Zniquat Rahba, 5 Derb Tahtah ☎ 0673 80 49 55; www.soukcuisine.com ⌚ Kurse: tägl. 10–16 Uhr, Abendkurse auf Anfrage

SPA

Les Jardins de la Koutoubia

Den herrlichen, von Bäumen und Vogelgezwitscher umgebenen Pool darf jeder benutzen, der in einem der Hotelrestaurants isst. Noch besser ist ein Besuch im Spa (Reservierung erforderlich) mit einer entspannenden Massage.

164 B1 ✉ 26 Rue El Koutoubia ☎ 0524 38 88 00; www.lesjardinsdelakoutoubia.com ⌚ Spa: tägl. 9–20 Uhr. Hotel: tägl. 24 Std., Öffnungszeiten der Restaurants sind unterschiedlich (► 61f)

Südliche Medina

Erste Orientierung

Die Kasbah, das königliche Viertel der Stadt, nimmt einen großen Teil der südlichen Medina ein, wo sich auch zwei herrliche alte Paläste und die markanten Königsgräber der Saadian-Dynastie befinden. Die historische Mellah (das alte jüdische Viertel) und die zwei Museen, Dar Tiskiwin und Dar Si Saïd, zählen zu den wichtigsten Sehenswürdigkeiten, ebenso wie das herrlich restaurierte La Mamounia Hotel, wo schon Winston Churchill wohnte.

Der neue Palast von König Mohammed VI. (nichtöffentlich) liegt ebenfalls in diesem Teil der Medina. Er wurde als kleinere Version des alten Palastes erbaut.

Alle Sehenswürdigkeiten der Südlichen Medina sind vom Jemaa El Fna zu Fuß erreichbar, wenn es nicht zu heiß ist. Wenn Sie mit dem Taxi fahren, nehmen Sie die preiswerteren vom Rand des Jemaa El Fna, nicht direkt vom Platz. Es bietet sich auch eine kurze Kutschfahrt an.

Links: Das Innere von Dar Tiskiwin

★ Nicht verpassen!

1 La Mamounia ➤ 70
2 Tombeaux Saadiens ➤ 71
3 Palais El Badii ➤ 73
4 Jardins de l'Agdal ➤ 76
5 Mellah ➤ 78
6 Palais de la Bahia ➤ 80

Nach Lust und Laune!

7 Bab Agnaou ➤ 82
8 Kasbah Moschee ➤ 82
9 Centre Artisanal ➤ 83
10 Place des Ferblantiers ➤ 83
11 Palais Royal (Königlicher Palast) ➤ 84
12 Dar Tiskiwin ➤ 84
13 Dar Si Saïd ➤ 85
14 Grand Casino La Mamounia ➤ 85

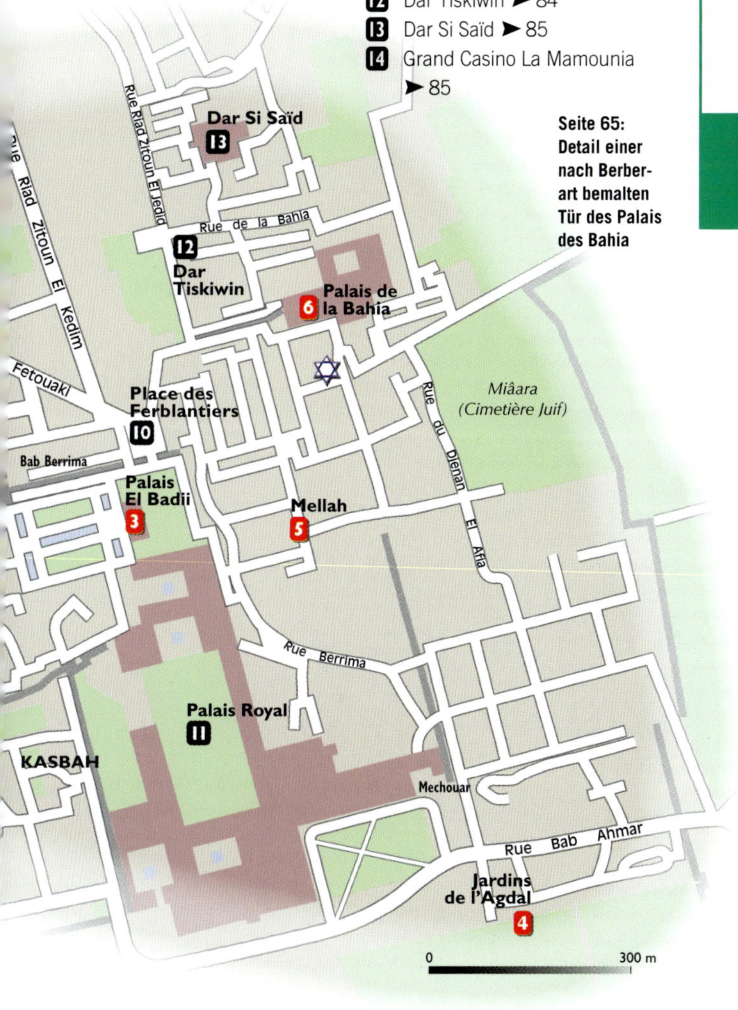

Seite 65: Detail einer nach Berberart bemalten Tür des Palais des Bahia

An einem Tag

Wenn Sie sich nicht entscheiden können, wo Sie in der Südlichen Medina anfangen sollen, finden Sie hier praktische Vorschläge für einen angenehmen Tag, der Sie auch zu einigen der Sehenswürdigkeiten der vorherigen Karte führt. Mehr Informationen finden Sie bei den Haupteinträgen.

10 Uhr

Beginnen Sie am alten Stadttor **7 Bab Agnaou** (links, ➤ 82), dem Haupteingang zur Kasbah. Bewundern Sie in Ruhe die detailreichen Ornamente dieses über 800 Jahre alten und schönsten Stadttors der Stadt. Sie passieren die **8 Kasbah Moschee** (➤ 82), die nur für Muslime zugänglich ist.

10.15 Uhr

Besichtigen Sie die **2 Tombeaux Saadiens** (unten, ➤ 71). Die Grabstätte wird von 11.45 bis 14.30 Uhr geschlossen. Nehmen Sie sich mindestens eine Stunde Zeit für diese aufregende Sehenswürdigkeit. Die Grabanlage selbst ist nicht sehr groß, aber gut besucht. Vor dem gesonderten Eingang zu den Mausoleen bildet sich meist eine Warteschlange.

11.30 Uhr

Während der Mittagshitze ist die beste Zeit zum Shoppen in dem angenehm kühlen **9 Centre Artisanal** (➤ 83). Hier finden Sie jede Menge Souvenirs und marokkanische Accessoires, oder Sie studieren nur die hier geltenden Festpreise als Orientierung für Ihren späteren Einkauf in den Souks.

12.30 Uhr

Gönnen Sie sich eine wohlverdiente Pause mit einem Mittagessen am Pool des ruhigen und noblen **La Sultana Hotel** (➤ 87, 90). Lassen Sie sich unten im Spa einen Termin für eine Massage im edlen Hamam geben.

14.30 Uhr

Spazieren Sie rechtzeitig zum nahe gelegenen **3 Palais El Badii** (➤ 73), der um 14.45 Uhr wieder öffnet, um den größten Besucherandrang zu vermeiden. Kaufen Sie eine Eintrittskarte inklusive Besichtigung des beeindruckenden *minbars* (gestufte Kanzel). Nehmen Sie Sonnenschutz und etwas zu trinken mit, denn innerhalb der Anlage ist es mitunter heiß und stickig.

15.30 Uhr

Den benachbarten **11 Palais Royal** (➤ 84) kann man zwar nicht besichtigen, hinter seinen gewaltigen Mauern liegen jedoch die königlichen Gärten, **4 Jardins de l'Agdal** (➤ 76), die Sie sich nicht entgehen lassen dürfen. Sie sind nur freitags und sonntags geöffnet, wenn der König nicht anwesend ist. Flanieren Sie eine Stunde durch die ruhigen Anlagen mit den kühlenden Seen und Obstbäumen.

16.30 Uhr

Spazieren Sie weiter, durch die Straßen der **5 Mellah** (➤ 78), dem jüdischen Viertel, bis Sie den **6 Palais de la Bahia** (unten, ➤ 80) erreichen. Da der Palast um 17.45 Uhr schließt, lässt der Besucherandrang ab 17 Uhr langsam nach, sodass Sie relativ ungestört die faszinierende Geschichte und Architektur dieses Ortes, der einst einen Harem beherbergte, studieren können.

La Mamounia

In diesem legendären Art-déco-Hotel und seinem beeindruckenden, über 300 Jahre alten Garten lebt die Geschichte. Es wird unter den weltberühmten Hotels im gleichen Atemzug mit dem Raffles Hotel in Singapur oder dem Ritz in Paris genannt und versetzt einen in die Blütezeit Marrakechs.

Im La Mamounia residierte schon Sir Winston Churchill, wenn er zum Malen nach Marrakech kam. In einem Brief an den amerikanischen Präsidenten Franklin D. Roosevelt bezeichnete er es als den »bezauberndsten Ort der Welt«. Hier befinden Sie sich in bester Gesellschaft: Prominente und Adelige logieren hier regelmäßig, ein Teil des Hotels ist in königlichem Besitz.

Adelige, Politiker und Prominente haben im La Mamounia logiert und diniert

Das Hotel eröffnete im Jahr 1923 und wurde seitdem häufig erweitert und renoviert. Die letzte Renovierung erfolgte 2009 durch den Pariser Designer Jacques Garcia. Er kombinierte arabisch-andalusischen Stil mit modernem marokkanischem Schick. Neben den 209 äußerst eleganten Zimmern verfügt die Anlage nun auch über drei heimelige Riads und ein **Spa** wie aus *Tausendundeiner Nacht*. In den **Restaurants** kochen zwei Chefköche mit Michelin-Stern und die **Churchill Piano Bar** (➤ 88) ist beliebt wie eh und je. Seinen Namen verdankt das Hotel den im 18. Jh. von Prinz Moulay Mamoun gestalteten **Gärten**. Sie sind perfekt für einen Spaziergang bei Sonnenuntergang und einen Cocktail auf der Gartenterrasse oder ein Abendessen im spektakulären **Le Marocain** (➤ 87). Das **Casino** (➤ 85, 90) hat einen separaten Eingang.

KLEINE PAUSE

Genießen Sie ein mediterranes Büffet oder einen Sonntagsbrunch (€€€) im **Le Pavillon de la Piscine**, am Pool oder ein Mittagessen auf der Terrasse des französischen Restaurants **Le Français** (€€€).

---

167 F3 ✉ Avenue Bab Jedid ☎ 0524 38 86 00; www.mamounia.com

LA MAMOUNIA: INSIDER-INFO

Top-Tipps: Schnuppern Sie in den Bars oder Restaurants die Atmosphäre des historischen La Mamounia, oder fordern Sie Ihr Glück im prachtvollen alten Casino heraus.

■ Die Türsteher achten streng auf die Einhaltung der Kleiderordnung: keine Shorts, Jeans oder Sportkleidung. Nur mit eleganter Kleidung erhalten Sie Zutritt.

Geheimtipp: Der Garten wird täglich von 40 Gärtnern gepflegt. Die Aussicht von den Balkonen auf das Atlasgebirge ist atemberaubend.

2 Tombeaux Saadiens (Saaditengräber)

Anfang des 18. Jahrhunderts befahl Sultan Mulai Ismail die Vernichtung aller Zeugnisse saadischer Kultur. Auch der Palais El Badii (➤ 73) fiel der Zerstörung zum Opfer. Doch anstatt alles restlos zu vernichten, ließ er die Gräber der früheren Herrscher hinter einer hohen Mauer verschwinden. Unglaublich aber wahr: Die Gräber blieben 200 Jahre bis zu ihrer Wiederentdeckung im Jahr 1917 unberührt.

Die Halle der zwölf Säulen – letzte Ruhestätte des Saadischen Sultans El Mansour

Ahmed El Mansour (»Der Goldene«) ließ die Gräber im Stil des Palais El Badii (➤ 73) erbauen. Er war der erste Sultan der Saaditen, der hier 1603 beerdigt wurde. Sein Geschlecht herrschte in Marrakesch von 1524 bis 1659. An seiner Seite wurden über 60 Personen seines Gefolges, Kinder und Prinzessinnen bestattet.

Die Fundstätten

Ursprünglich lag der Eingang zu den Gräbern in der benachbarten Moschee, doch inzwischen gibt es einen zusätzlichen Eingang für Touristen. Wenn Sie dem gewundenen Gang folgen, kommen Sie sich wie der Entdecker der Grabkammer vor. Je nach Besucherandrang brauchen Sie eine Stunde, um alles zu sehen.

Zuerst gelangen Sie zum ehemaligen Gebetsraum. Zweckentfremdet enthält er nun die Sarkophage einiger Saaditen-Prinzessinnen. Es fogt die Halle der zwölf Säulen – die größte des Mausoleums. Sie beeindruckt mit geschnitzten Türen aus Zedernholz, kühlem weißen Marmor aus Italien und einer riesigen gewölbten Decke. Hier liegen Ahmed El Mansour und seine Familie begraben. Die Grabstätten wurden auf älteren errichtet, in denen die Mutter El Mansours und der enthauptete Leichnam von Mohammed Esh Sheikh, dem Gründer der Saadischen Dynastie begraben sind. Etwas abseits zwischen wilden Rosen, Malven und Aprikosenbäumen finden Sie die mit gemusterten Kacheln, *zellij*, geschmückten Gräber weniger bedeutender Verstorbener.

Zellij (Kachelmuster) in einer der Grabkammern

KLEINE PAUSE

Neben dem Mausoleum der Sultane am anderen Ende der kurzen Gasse liegt das luxuriöse Hotel La Sultana (➤ 87). Eine Reservierung ist hier unbedingt erforderlich, aber für das Mittagessen am charmanten Pool lohnt sich die Mühe.

168 C2 · Rue de la Kasbah, Bab Agnaou · kein Telefon · tägl. 8.30–11.45, 14.30–17.45 Uhr · preiswert

TOMBEAUX SAADIENS (SAADITENGRÄBER): INSIDER-INFO

Top-Tipps: Rechnen Sie mit Wartezeiten. Die Grabanlage ist klein und ein sehr beliebtes Touristenziel. Kommen Sie morgens früh oder kurz bevor geschlossen wird.
Verbinden Sie die Besichtigung der königlichen Gräber mit einem Besuch im La Sultana (➤ 87), Les Bains de Marrakech (➤ 90) oder im Centre Artisanal (➤ 83).

- Wenn Sie sich für einen der Führer vor Ort entscheiden, achten Sie darauf, ein Trinkgeld zu geben, denn sie werden nicht bezahlt.
- Machen Sie eine kleine Pause im von Katzen behausten Garten und genießen Sie die Blumen und Obstbäume.

Geheimtipp: Auf den Gräbern finden Sie Koranzitate, wie: »Die Seele kennt den Tod.« oder »Der Tod findet dich überall, selbst in einem Wehrturm.«

Außerdem Die Architektur des Palais El Badii (➤ rechts) ist ein herausragendes Beispiel aus dem goldenen Zeitalter der saadischen Herrschaft.

3 Palais El Badii

Einst glänzte dieser außergewöhnliche Palast, den der saadische Sultan Ahmed El Mansour (1578–1603) erbaute, von Gold, Onyx und Marmor. Der Zeitgenosse der englischen Königin Elisabeth I. wollte damit seinem Sieg über die Portugiesen in der Schlacht von Alcazarquivir ein Denkmal setzen. Es dauerte 25 Jahre, den Bau zu vollenden und der spätere Moulai Ismail (1672–1727) brauchte beinahe 12 Jahre, um ihn zu plündern.

Da das Torhaus längst zerstört ist, gelangen Sie über eine Öffnung in den dreistöckigen, altrosa Wänden in den Palast. Sie führt zu einem leeren Innenhof mit einem jetzt trockengelegten Pool.

Für den Bau dieses einzigartigen Palasts, in dem einst Politiker und Poeten wohnten und rauschende Feste stattfanden, wurden keine Kosten gescheut. Heute ist er nur noch eine Ruine. Vogelgezwitscher und einzelne Palmen begrüßen den Besucher. Die einst goldverzierten Decken sind heute kahl und nur Fragmente des dekorativen Stucks und *zellij* sind erhalten geblieben. Der kühle, zentrale Pool war einst eine Oase umgeben von vier versunkenen Gärten voller Rosen, Orangenbäume und riesiger Palmen.

Die Ruinen des großartigen Palasts aus dem 16. Jh.

Heute beherbergen die Ruinen das mittelalterliche Meisterwerk, eine exklusive Stufenkanzel, die einst in der Hauptmoschee der Stadt genutzt wurde.

Vogelperspektive

Der Turm an der Nordostseite ist der einzige, bei dem die Treppe noch erhalten ist. Sie führt auf eine Terrasse, auf der Störche

und Spatzen ihre Wachposten bezogen haben. Der Palast hatte einst 360 Zimmer, alle prachtvoll dekoriert mit Gold, Elfenbein, Marmor und Halbedelsteinen. Eine Skizze zeigt die ursprüngliche Anlage mit dem Kristallpavillon des Sultans, den Wasserbecken und Salons, von denen heute nur noch Ruinen stehen. Der Pavillon für die Audienzen war einst mit einer Pyramide gekrönt und besaß ebenfalls Wasserbecken.

Ein Kunstwerk

Die leuchtenden Bougainvillea weisen Ihnen den Eingang zum *minbar* der Koutoubia. Diese Kanzel aus Holz ist eines der schönsten Meisterwerke islamischer Schnitzkunst weltweit. Die über 1000 Ornamente, von denen sich keines wiederholt, sind mit Intarsien versehen und außergewöhnlich aufwändig. Sie erkennen Frösche, Eidechsen, Sterne und Koranverse, die auf Allah als Herrscher über Himmel und Erde hinweisen. Eine der Inschriften ermöglicht es, das Alter des *minbar* auf das Jahr 1139 zu datieren.

PALAIS EL BADII IN ZAHLEN

- Einst zierten 50 Säulen die Pavillons
- Der Palast hatte 360 Zimmer
- Der Hauptpavillon ist ganze 130m lang – so lang wie ein Fußballfeld.

Das *minbar* wurde im spanischen Cordoba gefertigt und nach Marokko verschifft. Die kunstfertigen Handwerker brauchten acht Jahre zu seiner Vollendung. Es ist nicht nur ein dekoratives Meisterstück, sondern auch technisch sehr anspruchsvoll gestaltet: Ein ausgeklügelter, unsichtbarer Mechanismus ermöglicht es dem *imam* (Priester), zum Freitagsgebet wie auf einer himmlischen Empore vorzufahren. Den Rest der Woche wurde die Kanzel in einem Schrank aufbewahrt! Früher wurde sie in der Koutoubia Moschee (➤ 48) benutzt und war bis 1962 ständig im Einsatz.

Zuletzt war die Kanzel völlig verstaubt und drohte umzukippen. Fachleute des Metropolitan Museum in New York und des marokkanischen Kultusministeriums machten sich ans Werk und verliehen ihr den ursprünglichen Glanz zurück. Mit Leitern und Gerüsten wurde sie zunächst in die richtige vertikale Position gebracht, um dann mit Leim und Zwingen fixiert zu werden. Anschließend wurde sie mit feinen Bürsten gereinigt sowie zwei Stufen und einer der Koranverse erneuert. Nach der aufwändigen Restaurierung brachte man sie in den Palais El Badii.

…inks: Der …enkgarten …nd der zen…rale Innenhof …es Palasts

…Unten: Eingang …ur Koubba El …amsinniya im …Palais El Badii

KLEINE PAUSE

Das Dachrestaurant der nahe gelegenen Kosybar (€€; ➤ 86) ist mit seiner Aussicht ideal für eine Erfrischung.

168 C2 ✉ beim Place des Ferblantiers ☎ kein Telefon ⏲ tägl. 8.30–11.45, 14.45–17.45 Uhr mittel (Fragen Sie nach einem Kombiticket, mit dem man das *minbar* besichtigen kann)

PALAIS EL BADII: INSIDER-INFO

Top-Tipps: Kaufen Sie gleich am Haupteingang ein Kombiticket für das *minbar*, es ist innen nicht erhältlich.

■ Hier wird es tagsüber extrem heiß, kommen Sie deshalb früh morgens.

Nicht verpassen! Die Aussicht von der Terrasse.

Außerdem Einst Ort für außergewöhnliche königliche Empfänge, ist der Palast nun zwei Mal jährlich Schauplatz kultureller Veranstaltungen. Im Juli finden hier während des Festival National des Arts Populaires Musikaufführungen und folkloristische Tanzveranstaltungen statt. Am Ende des Jahres lockt das Internationale Filmfestival von Marrakech (www.festivalmarrakech.info) Fans des arabischen Kinos und internationale Stars an.

4 Jardins de l'Agdal

Der ehemaligen Gärten des Sultans wurden im 12. Jh. angelegt. Sie sind ca. 200 Jahre älter als die berühmten spanischen Alhambra-Gärten und seit 1985 Unesco-Welterbe. Sie wurden als kühle Oasen in der Wüste geplant, in denen Orangen-, Aprikosen-, Granatapfel-, Feigen- und Olivenbäume angenehmen Schatten spendeten.

Das Wort *agdal* bedeutet »von Mauern umgebene Wiese« und leitet sich von der Berbersitte ab, nahe am Haus eingezäunte Weiden anzulegen. Die Jardins de l'Agdal greifen diese Idee auf. Buchstäblich an der Hintertür des Palastes (➤ 84) anschließend und über den *mechouar* (Paradeplatz) zugänglich, erstrecken sich die Gärten über drei Quadratkilometer. Sobald man die Tore durchschritten hat, entfaltet sich eine beschauliche, fast ländliche Atmosphäre. Da der König sie weiterhin nutzt, sind sie für die Öffentlichkeit nicht zugänglich, wenn er sich in der Stadt aufhält.

Die ursprüngliche Anlage mit dem riesigen künstlichen Teich stammt noch aus der Zeit der Almohaden, aber über die Jahre wurde Vieles verändert. Die Saaditen erweiterten das Grundstück mehrmals. Seine heutige Form und die hohen *pisé*-Mauern (aus Lehm und Geröll), die es umgeben, stammen aus dem 19. Jh.

Unweit der Mitte des Parks liegt der **Sahraj El Hana**, das »Wasserbecken der Gesundheit«, Marrakechs größter Wasserspeicher. Auf der Wasseroberfläche spiegelt sich der ausgeblichene Sommerpavillon *menzeh* aus der Zeit der Saa-

Die Jardins de l'Agdal sind eine riesige Parkanlage mit Oliven-, Orangen- und Grantapfelbäumen

diten. Von seinem Dach aus haben Sie eine wunderbare Aussicht bis zum Atlasgebirge. Obwohl einige Kinder es trotzdem tun: Das Baden in dem mit Algen belasteten Teich ist verboten.

Die Wüste bewässern

Die künstlichen Seen wurden über ein Netz ausgeklügelter, unterirdischer Wasserwege, *khettara*, mit Wasser aus dem 50 km entfernten Ourika Tal (➤ 142) gespeist. Im 19. Jh. feierten die Sultane hier extravagante Bootspartys, bis einer der Gastgeber Schiffbruch erlitt und im Teich ertrank. Der Kahn, der kenterte, wird in einem Schuppen am Teich aufbewahrt – fragen Sie einen der Aufseher, ob Sie einen Blick darauf werfen dürfen.

Besucher füttern Karpfen im Sahraj El Hana, den Teich im Zentrum des königlichen Parks

Die Gartengestaltung

Die Jardins de l'Agdal bestehen eigentlich aus mehreren miteinander verbundene Gärten und sind ideal für einen ausgiebigen Spaziergang. Wenn Sie im Schatten der Alleen spazieren und die Wasserbecken durch die Bäume schimmern, fühlen sie sich wie in einem Weinberg oder einem Obstgarten voll duftender Aprikosen und Orangen. Dieser Park ist zwar artenreicher als der Jardin Ménara (➤ 120), entspricht allerdings ganz und gar nicht unseren gewohnten Vorstellungen eines Parks. Mancher ausländische Besucher erkennt nur formloses Gestrüpp. Nach Blumen werden Sie vergeblich Ausschau halten. Erfreuen Sie sich am Spiel von Licht und Schatten der Feigen-, Oliven- und Zitronenbäume.

KLEINE PAUSE

Hier kann es sehr heiß werden. Treten Sie in die Fußstapfen der Sultane und genießen Sie ein Picknick im Freien.

169 E1 ☎ bei der Rue Bab Ahmar, Eingang über einen Weg vom Méchouar Intérior Fr und So 8–17.30 Uhr; geschlossen, wenn der König im Palast residiert frei

JARDINS DE L'AGDAL: INSIDER-INFO

Top-Tipps: Die Gärten sind nur freitags und sonntags geöffnet, und auch dann nicht, wenn der König – gewöhnlich im Winter – hier residiert.

- Nehmen Sie ein Taxi vom Rand des Jemaa El Fna, anstatt in der Hitze hierher zu laufen. Gehen können Sie in diesem Park noch genug.
- Planen Sie ein oder zwei Stunden für Ihren Spaziergang. Hier finden Sie keine besonderen Sehenswürdigkeiten. Lassen Sie einfach den Lärm der Stadt hinter sich und Ihren Gedanken freien Lauf.

Außerdem Wenn die Agdal-Gärten geschlossen sind, besuchen Sie den Jardin Menara (➤ 120), ebenfalls ein Unesco-Weltkulturerbe. Er liegt etwas außerhalb der Stadt und ist mit Obstgärten, Teichen und Pavillons ähnlich gestaltet.

5 Mellah

Die Mellah, das alte jüdische Viertel, war einst die größte jüdische Enklave in der arabischen Welt. Heute leben nur noch wenige jüdische Familien in dem überwiegend muslimischen Viertel. Doch die in Marrakech wohnenden Juden besuchen nach wie vor regelmäßig die Synagogen.

Blick auf den jüdischen Friedhof in der Mellah

Mellahs waren separierte jüdische Wohngebiete, die in ganz Marokko üblich waren. Sie wurden ab 1438 errichtet, um die Juden, bei denen es sich überwiegend um Flüchtlinge aus Spanien und Portugal handelte, von den Gemeinden der Muslime zu trennen. Gleichzeitig konnte man die Geschäfte der jüdischen Gemeinde so überwachen und besteuern. Es waren autonome Stadtbezirke mit hohen Mauern und bewachten Toren.

Die im Jahre 1558 gegründete Mellah von Marrakech lag in der Nähe der Kasbah und des Königspalasts. Juden durften die Mellah nur barfuß verlassen. Das Verhältnis zwischen jüdischer und muslimischer Bevölkerung war gespalten. Juden durften bis zur Kolonialisierung durch die Franzosen weder Land noch Immobilien besitzen, aber sie waren erfolgreiche

Bankkaufleute, Schneider, Vermittler im Handel mit Christen, und sogar Berater des Königs.

Ursprünglich sollten die Mellahs das Nebeneinander der Religionen vereinfachen, doch mit der Zeit entwickelten sie sich zu Gettos. Anfangs wurden noch schöne, große Häuser gebaut, doch die jüdische Bevölkerung verarmte und in den überfüllten Vierteln grassierten Epidemien.

Orte des Glaubens

Von den vielen Synagogen, die einst in jeder Straße zu finden waren, sind nur wenige, eher unspektakuläre übrig geblieben. Da sie nicht kenntlich gemacht sind und oft am Ende kleiner, unbeschilderter Gassen liegen, verläuft man sich leicht. Die Alzama Synagoge liegt an einem hübschen Innenhof, den sie sich mit Wohnhäusern und einem Gemeindezentrum teilt. Sie wurde zu Beginn des 20. Jhs. errichtet und in den 1950er-Jahren um eine Empore für die weiblichen Gemeindemitgliedert erweitert. Gottesdienste finden freitags abends und samstags statt.

Die **Miaara** (jüdischer Friedhof) befindet sich neben der Mellah – ein ruhiger Ort, an dem sich neben vielen Gräbern mit hebräischen Schriftzechen auch die Gräber von 11 jüdischen *marabouts* – heiligen Männern – befinden.

Markt

Auf dem Mellah Markt versorgte sich über 500 Jahre lang die jüdische Bevölkerung. Oft statten die in der Stadt angebotenen Kochkurse hier einen Besuch ab, um Zutaten zu kaufen oder bei der Schlachtung eines Huhns dabei zu sein. Es macht Spaß, in dieser bunten Atmosphäre einzukaufen, oder wenigstens Fotos zu machen.

KLEINE PAUSE

Genießen Sie die Aussicht von der **Kosybar** (€€; ➤ 88) und stärken Sie sich mit einer marokkanischen *tajine* oder einem Sandwich und vielleicht einem Bier für noch mehr Sightseeing.

JUDEN IN MAROKKO

Im 15. Jh. standen die Juden im Zentrum der marokkanischen Wirtschaft und verfügten über vielfältige Handelsbeziehungen. Vor Gründung des Staates Israels 1948 lebten über eine halbe Million Juden in Marokko. Heute leben nur noch einige tausend im Land, die meisten von ihnen in Casablanca. Allerdings zieht es zunehmend junge Juden mit marokkanischen Vorfahren hierher zurück, zumal Marrakech gute Geschäftsmöglichkeiten bietet. Viele haben sich hier Ferienhäuser gekauft. Da der König die Toleranz der Kulturen aktiv fördert, investieren viele Israelis in Marokko und beinahe vergessene Synagogen werden wieder restauriert.

169 D2
Mellah Markt
zwischen Place des Ferblantiers und Palais El Badii
Fr geschlossen

MELLAH: INSIDER-INFO

Top-Tipp: Wenn Sie die Synagogen besuchen wollen, sollten Sie einen Führer engagieren, denn sie sind schwer zu finden. Fragen Sie im Hotel oder nehmen Sie die Hilfe eines Führers vor Ort an. Trinkgeld nicht vergessen!

6 Palais de la Bahia

Dieser Palast ist eine Oase abseits der hitzigen Straßen der Kasbah und des geschäftigen Jemaa El Fna und liegt am Nordende der Mellah. Erholen Sie sich in den gepflasterten Innenhöfen und den hohen Räumen mit den gewölbten Decken, bevor Sie sich wieder in das Getümmel stürzen.

Bou Ahmed, der Sohn eines schwarzen Sklaven, erbaute den Palast Ende des 19. Jhs. und ergänzte ihn um die Moschee und einen Hamam. Er wuchs mit dem Thronfolger zusammen auf und wurde später Großwesir (Berater des Sultans). Im Palast lebten seine vier Ehefrauen und zwei Duzend Konkubinen. Mit El Bahia (»Die Strahlende«) wollte er die schönsten maurischen Paläste übertrumpfen. Sein zunehmendes Übergewicht während der Bauphase veranlasste ihn angeblich, auf die sonst üblichen oberen Galerien zu verzichten.

Der Palast ist unmöbliert, beeindruckt aber mit architektonischen Details wie bemalten Holzarbeiten

Perle der Baukunst

Der Eingang zu der weitläufigen Palastanlage führt in einen lang gestreckten Innenhof, von dem mehrere Empfangshallen mit einst kunstvoll verzierten Decken abgehen. In den unmöblierten Räume beeindruckt die Bauweise. Beachten Sie die Muster der *zellij*-Kacheln und den traditionellen polierten Gipsputz, *tadelaght*, aber auch die bemalten Decken und das wabenförmig geschnitzte und vergoldete Zedernholz.

In diesem Palast sind alle Merkmale islamischer Baukunst vereint. Licht, Wasser und Symmetrie sind damals wie heute wesentliche Gestaltungsmerkmale. Viele Stilelemte haben andalusische Bezüge. Der Palast, der als einer der vollendetsten des Landes gilt, wurde von El Hai Mohammed El Mekhi von 1894–1900 geplant und über einen Zeitraum von 15 Jahren von Handwerkern aus Fès ausgeführt.

Königliches Refugium

Im Frauenflügel waren die größten Gemächer den Lieblingskonkubinen des Großwesirs zugewiesen. In den dazugehörigen, gekachelten Innenhöfen, in denen Bananenstauden und Palmen wuchsen, befanden sich Wasserbecken, die auch zum Baden dienten. Obwohl im Freien waren die Frauen in diesen privaten Gärten von der Außenwelt streng abgeschirmt. Die Fläche der weit ausgedehnten Parkanlagen und des Palasts summiert sich auf 80 000 m².

Anfang des 20. Jhs. residierten hier T'hami El Glaoui, der Pascha von Marrakech (➤ 18), und die französische Kolonialverwaltung. Er wird immer noch vom König bewohnt (die meisten der 150 Zimmer sind privat). Der Rapper P Diddy veranstaltete hier 2001 eine millionenschwere Party mit Supermodels und Prominenten. Edith Wharton übernachtete im Gemach der Lieblingskonkubine und schwärmte in ihrem Buch *In Morocco* (1920) von »Blüten und Schatten und plätscherndem Wasser«.

KLEINE PAUSE

Das Publikum in **Le Tanjia** (€€; ➤ 87) ist anspruchsvoll, hier bekommen Sie zu jeder Tageszeit marokkanische und internationale Gerichte.

169 D3 ✉ Rue de la Bahia, rue Riad Zitoun El Jedid ☎ 0524 38 92 21 ⏲ tägl. 8.30–11.45, 14.45–17.45 Uhr preiswert

Die sonst üblichen oberen Galerien wurden nie gebaut

PALAIS DE LA BAHIA: INSIDER-INFO

Top-Tipps: Der Palast ist ein beliebtes Ziel für Tourbusse. Vermeiden Sie die Spitzenzeiten oder suchen Sie sich ein ruhiges Plätzchen fernab der Touristenscharen.

■ Auch wenn die Zimmer auf den ersten Blick ähnlich aussehen, versuchen Sie sich den Glanz und die konspirative Atmosphäre vorzustellen, die einst diese einzigartigen Gebäude beherrschte.

Außerdem In diesem Stadtteil liegen weitere sehenswerte Paläste. Besichtigen Sie den Palais El Badii (➤ 73), oder den Dar Si Saïd (➤ 85), in dem der Halbbruder des Wesirs lebte, der den Palais de la Bahia erbaute, der nun ein Museum für Handwerkskünste beherbergt. Das eher bescheidene »Hausmuseum« des Dar Tiskiwin (➤ 84) ist zwar wesentlich kleiner, aber trotzdem sehenswert.

Nach Lust und Laune!

Zwischen den Pflanzenmotiven der konzentrischen Bögen am Bab Agnaou stehen Segnungen aus dem Koran

7 Bab Agnaou

Das Bab Agnaou wurde im 12. Jh. während der Almohaden-Dynastie erbaut und ist der Haupteingang zur Kasbah (Burg). Der Name bedeutet »Tor der Gnawa« und erinnert an die Sklaven, die es errichten mussten und hierher verschleppt worden waren.

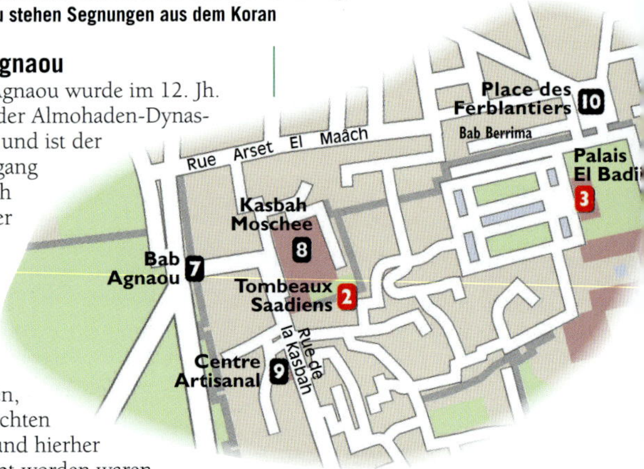

Das architektonische Meisterwerk mit seinen feinen konzentrischen Bögen und den floralen Motiven ist das schönste der Stadttore (➤ 104). Kunstvoll in Stein gemeißelte Zitate aus dem Koran segnen alle, die sie lesen und unter ihnen hindurchgehen. Auch heute noch erkennt man, dass Bab Agnaou von Anfang an eher der Repräsentation diente und weniger um die Stadt zu verteidigen. Über Jahrhunderte wurde es mehrfach um- und abgebaut und müsste dringend restauriert werden.

168 B2

8 Kasbah Moschee

Nicht-Muslime bekommen nur das grün gekachelte Dach und die roten Außenmauern der Moschee zu sehen, die zwischen Bab Agnaou und den Saaditengräbern in die Gebäude der Kasbah integriert ist (➤ 71). Sie ist auch unter dem Namen ihres Gründers, Sultan El Mansour, bekannt, der sie Ende des 12. Jhs. bauen ließ. Nach schweren Beschädigungen im 16. Jh. wurde die Moschee mehrfach umgebaut und renoviert.

168 B2 **Rue de la Kasbah**
kein Zutritt für Nicht-Muslime

DIE BESTEN PLÄTZE FÜR EINE PAUSE
Wenn Sie genug Paläste und Museen gesehen haben, gönnen Sie sich eine kleine Erholung und laden Sie Ihre Akkus wieder auf.

- Genießen Sie ein leichtes Mittagessen auf der hohen Dachterrasse des Un Déjeuner à Marrakech (➤ 86) mit Blick über die Dächer des ganzen Viertels.
- Verbinden Sie ein Picknick mit einem Ausflug in die Geschichte: Jardins de l'Agdal (➤ 76).
- Schlürfen Sie einen unvergleichlichen Cocktail und versuchen Sie Ihr Glück im Casino vom Hotel La Mamounia (➤ 70).

9 Centre Artisanal
Das Centre Artisanal könnte man als Kaufhaus für marokkanisches Kunsthandwerk bezeichnen. Im Erdgeschoss gibt es kleinere Souvenirs, in den oberen Stockwerken werden Möbel und Teppiche angeboten. Sehr angenehm ist, dass hier feste Preise gelten, auch wenn das meist teurer ist als in den Souks. Oft ist die Ware allerdings nicht ausgezeichnet. Auch scheinen manchmal die Verkäufer kein Interesse am Geschäft zu zeigen oder versuchen Ihnen Viskose z. B. als Seide zu verkaufen. Doch es ist angenehm, alles unter einem Dach zu finden und mit Kreditkarte zahlen zu können. Im Erdgeschoss gibt es herrlich aromatisierte Duftöle (➤ 89).
168 B1 **7, Derb Baissi, Kasbah**
0524 38 18 53
tägl. 8.30–20 Uhr

10 Place des Ferblantiers
Dieser ruhige, hübsche Platz mit Bänken und einem schlichten Freiluft-Café ist nach den *ferblantiers* (Blechschmieden) benannt. Ihre Werkstätten breiten sich am Rand des Platzes aus. Im Angebot sind handgefertigte traditionelle und moderne Laternen und Spiegel aus Blech. Suchen Sie nach den fantasievollen handgemachten Stücken, die aus kleinen, gemusterten Blechteilen zusammengesetzt sind. Der Place des Ferblantiers hieß früher Place du Mellah, bis heute gelangt man von hier in die Mellah (Jüdisches Viertel ➤ 78). Speisen Sie auf einer der Terrassen zu Mittag.
168 C2
Place des Ferblantiers

Handgemachte Zinn- und Blechlaternen auf dem Place des Ferblantiers

FÜR KINDER
- Gönnen Sie sich ein Mittagessen am Büffet des La Mamounia mit Pool (➤ 70), wo die Kinder etwas Platz zum Toben haben.
- Die Störche (➤ 73, 74) und andere Vögel auf den Dächern des Palais El Badii sind gut zu beobachten.
- Besuchen Sie die Grabanlage der Saaditen (➤ 71) und erzählen Sie die Geschichten der marokkanischen Königshäuser.

Eines der Tore zum Königspalast

11 Palais Royal (Königlicher Palast)

Der königliche Palast ist für die Öffentlichkeit nicht zugänglich. Was hinter den hohen Mauern der gewaltigen Palastanlage geschieht, die einen großen Teil des Kasbah-Viertels einnimmt, bleibt der Fantasie überlassen. Der dekorative Haupteingang, der an die ausgedehnten Jardins de l'Agdal (➤ 76) angrenzt, steht im Kontrast zu den kahlen rosaroten Mauern. Der neuere und kleinere Palast des Königs liegt auf der anderen Seite der Kasbah, aber hier leben noch einige Verwandte seines Vaters.

169 D1 Rue du Méchouar
nicht öffentlich

12 Dar Tiskiwin

Der Besitzer dieser Privatsammlung, der holländische Anthropologe Bert Flint, stellt hier Kunsthandwerk aus der Sahara und von den Berbern aus. Die Sammlung ist wird kaum von Gruppentouristen besucht und äußerst sehenswert. Besucher erhalten ein ausführliches englisches Büchlein mit dem Titel *A Round Trip from Marrakech to Timbuktu*, das die Exponate erklärt. Sie beginnen im ersten Stock und begeben sich auf eine faszinierende Reise, die nach Niger, Mali und Mauretanien führt. Im ersten Raum erwartet Sie dekorative Kunst der Saharabewohner, im letzten (dem Wohnzimmer des Besitzers) ausdrucksstarke Masken und farbenfrohe Teppiche, die der Sammler von seinen zahlreichen Transsahararreisen mitbrachte.

169 D3 8, Rue de la Bahia, Rue Riad Zitoun El Jedid 0524 38 91 92; www.tiskiwin.com tägl. 9.30–12.30, 15–18 Uhr

13 Dar Si Saïd

Der Bruder des Großwesirs, der den Palais de la Bahia (➤ 80) errichten ließ, legte im ausgehenden 19. Jh. den Grundstein für diesen Palast. Er beherbergt heute das Museum marokkanischer Kunst. Schilder leiten Sie durch zahlreiche Räume mit gut beschrifteten Exponaten, wie eleganten Möbeln, traditionellem Berberschmuck und kunstvoll geschnitzten Holztüren. Das Gebäude mit den traditionellen drei Etagen und seinem Innenhof ist üppig mit kunstvoll ausgearbeiteten Decken ausgestattet und macht der Ausstellung Konkurrenz.

169 D3 Derb El Bahia, Rue Riad Zitoun El Jedid 0524 38 95 64 Mi–Mo 9–12.15, 15–18.15 Uhr preiswert

Traditionell nach Berberart mit Kacheln gearbeitete Tür im Dar Si Saïd

14 Grand Casino La Mamounia

Zahlreiche Persönlichkeiten haben in diesem großen und prunkvollen Casino, das zum berühmten Hotel (➤ 70) gehört, ihr Glück herausgefordert. Spieler haben die Wahl zwischen Roulette, Blackjack, Spielautomaten und vielem mehr. Viele kommen einfach nur wegen des Glamours und begnügen sich mit einem Cocktail. Jeans, Freizeitkleidung und Kameras sind hier nicht erlaubt. Für Auszahlungen müssen Sie sich ausweisen.

167 F3 Avenue Bad Jedid 0524 44 45 70; www.grandcasinomamounia.com tägl. 15–5 Uhr Mindestalter 18, angemessene Kleidung

VIER BERÜHMTE PALÄSTE

Standesgemäß ist dieses königliche Viertel voller großartiger Paläste.

- Die historischen Ruinen des Palais El Badii (➤ 73) erinnern an den Prunk und die Geltungssucht eines Sultans.
- Der strahlende Palais de la Bahia (➤ 80) bot schon Konkubinen, einer Schriftstellerin und einem Rapstar ein Dach über dem Kopf.
- Dar Si Saïd (➤ links) ist ein prachtvolles historisches Museum.
- Der ausgedehnte Palais Royal (Königlicher Palast, ➤ 84) mit seinen hohen Wänden ist für die Öffentlichkeit leider nicht zugänglich.

Wohin zum ... Essen und Trinken?

Preise
Die Preise gelten pro Person für ein Essen ohne Getränke (➤ 38):
€ unter 15 Euro **€€** 15–30 Euro **€€€** über 30 Euro

RESTAURANTS

Verschiedene Restaurants in dieser Gegend bieten Dachterrassen mit Sonnenschirmen und einer frischen Brise. Von hier können Sie sich das königliche Viertel von oben anschauen.

Casa Lalla €€
Casa Lalla ist ein reizendes Riad mit romantischem Innenhof, auf dem jeden Abend um 20 Uhr ein Degustationsmenü für Gourmets serviert wird. Auch auswärtige Gäste können nach vorheriger Reservierung hier bei Kerzenlicht unter den Sternen speisen. Der Küchenchef serviert saisonale Gerichte der marokkanischen und mediterranen Küche, die aus frischen Produkten vom Markt zubereitet werden. Vorab reservieren.
168 C3 ✉ 16, Derb Jamaa, Rue Riad Zitoun El Kedim ☎ 0524 42 97 57; www.casalalla.com ⌚ tägl. Abendessen ab 20 Uhr

Un Déjeuner à Marrakech €–€€
Als willkommener Newcomer im Viertel serviert dieser kleine *salon de thé* mit Konditorei und Restaurant frische Säfte, Eiscreme, Kuchen, eine breite Auswahl leckerer Snacks und größere marokkanische Gerichte auf vier Stockwerken. Die Treppe ist steil, aber der Aufstieg zu einer der höchsten Dachterrassen der Gegend lohnt sich. Der perfekte Ort für ein Mittagessen oder einen frischen Saft bei Sonnenuntergang. Das marokkanische Personal ist jung und freundlich und sorgt für eine angenehme, entspannte Atmosphäre.
168 C3 ✉ Ecke Rue Kennaria und Rue Douar Graoua, bei rue Riad Zitoun El Kedim ☎ 0524 37 83 87 ⌚ tägl. 8–22 Uhr

Kosybar €€
Das etwas andere Lokal, in dem Sie entweder eine Erfrischung auf der luftigen Dachterrasse schlürfen, bei Sushi oder Thai-Essen in den bequemen Sofas versinken, oder dem abendlichen Jazzprogramm (Mi, Fr, Sa) in der Piano-Bar lauschen können. Kommen Sie hierher, wenn Sie in diesem Viertel in ungezwungener Atmosphäre eine Kleinigkeit essen möchten. Bei den marokkanischen und internationalen Speiseangeboten ist für jeden etwas dabei. Das Essen ist gut und abwechslungsreich, aber die meisten Gäste kommen für ein kühles Bier zum Sonnenuntergang oder einen der leckeren Cocktails. Die Bar bietet eine breite Auswahl an importierten Spirituosen und guten Zigarren.
168 C2 ✉ 47, Place des Ferblantiers ☎ 0524 38 03 24 ⌚ tägl. 12–15 und 20–24 Uhr oder später

Ksar El Hamra €€
Dieses touristische Restaurant unterhält seine Gäste mit traditionellen Musikern und orientalischen Tänzerinnen. Es liegt in einem opulenten Riad im Herzen der Medina. Serviert werden verschiedene marokkanische Spezialitäten, zum Beispiel *pastilla* (Taubenpastete), kleine Salate und Beilagen sowie Tagines. Die Atmosphäre ist formell. Der schöne Hof ist an sonnigen Tagen oder lauen Nächten ideal, an kühleren Tagen sollten Sie sich für eine der heimeligen Alkoven in den aufwändig dekorierten Salons entscheiden.
169 D2 ✉ 28 Sabt Ben Daoud, rue Riad Zitoun El Kedim ☎ 0524 42 76 07;

www.restaurant-ksarelhamra.com
meist von 20 Uhr bis spät in die Nacht

La Mamounia's Restaurants €€–€€€

Das Hotel La Mamounia bietet vier hervorragende Restaurants und zwei Küchenchefs mit Michelin-Stern. Der Pool Pavillon bietet von 12.30 bis 15.30 Uhr ein mediterranes Büffet, sonntags wird ein beliebter Champagner-Brunch angeboten. Das Le Marocain ist ein anerkanntes marokkanisches Restaurant in einem opulenten Riad. Es erstreckt sich über drei Etagen und ist umgeben von einem Garten. Das Essen ist exklusiv und umfasst alle marokkanischen Klassiker. Jean Pierre Vigato kocht im Le Français, das innovative französische Küche in eleganter Atmosphäre serviert. Ideal für ein leichtes Mittagessen oder ein Gourmeterlebnis am Abend. Und schließlich serviert das L'Italien moderne italienische Küche aus frischen saisonalen Produkten in pflaumenfarbenem Ambiente oder auf der Terrasse bei Kerzenschein (nur Abendessen). Alle Restaurants sind auch für auswärtige Gäste geöffnet und der Dresscode schreibt elegante Kleidung vor.

168 A3 Avenue Bab Jedid
0524 38 86 00; www.mamounia.com

Nid Cigogne €–€€

Die Snacks, Omlette, Salate und *tajines* sind weniger der Rede wert, aber das dreigeschossige Restaurant mit seiner Dachterrasse und dem Blick auf brütende Störche liegt direkt gegenüber der Saaditengräber sowie der Kasbah. Ist der Aufstieg erst einmal geschafft, erwarten Sie eine kühlende Brise und eine beeindruckende Aussicht auf das königliche Viertel.

168 C2 60, Place des Tombeaux Saadiens 0524 38 20 92 tägl. 10–22 Uhr

Palais Calipau €€€

In diesem *riad* hat das Essen wie die Unterkunft fünf Sterne. Sie haben die Wahl zwischen einem Menü mit drei marokkanischen und drei französischen Gängen, u. a. Lamm-*tajine* oder Pfeffersteak. Bei der Tischreservierung werden Gäste des Hauses bevorzugt, reservieren Sie also frühzeitig. Hier können Sie die richtig gute Küche des Hauses und den überaus aufmerksamen Service in einer intimen Atmosphäre genießen.

168 C1 14, Derb Ben Zina, Kasbah
0524 37 55 83; www.palais-calipau.com

Palais Gharnata €€€

Nahe der Mellah, zwischen Dar Si Said und dem Palais de la Bahia, gibt es relativ wenige Restaurants. Dieser riesige und verschwenderisch eingerichtete Palast des Essens aus dem 16. Jh. ist mit die beste Wahl im jüdischen Viertel. Das hat sich allerdings auch bei Touristengruppen herumgesprochen, meist erwartet Sie deshalb ein hektischer Betrieb. Hier erleben Sie Musik und Bauchtanz in einer orientalischen Palastatmosphäre. Die Standards der marokkanischen Küche werden fast wie am Fließband serviert. Die großen Touristengruppen kommen hier in der Regel am frühen Abend an. Wenn Sie den größten Andrang vermeiden wollen, kommen Sie am späten Nachmittag oder nach 20.30 Uhr.

169 D3 5/6, Derb El Arsa
0524 38 96 15; www.gharnata.com
tägl. 18.30–0.30 Uhr

La Sultana €€–€€€

Zur Mittagszeit können Sie hier leichte Gerichte mit mediterraner und asiatischer Note in romantischer Umgebung am Hotelpool oder auf der Terrasse genießen. Eine hervorragende Option, wenn Sie das Spa des Hotels besuchen (▶ 90). Zum Abendessen wird marokkanische, französische und internationale Fusion-Küche im formelleren Restaurant serviert. Auch vegetarische Gerichte werden angeboten, allerdings ist die Auswahl nicht allzu fantasievoll. Der Service ist in diesem Luxushotel insgesamt hervorragend und das Essen ist sehr gut.

168 C1 403, Rue de la Kasbah
0524 38 80 08; www.lasultanamarrakech.com tägl. 12–15 und 19–24 Uhr
Reservierung notwendig

Le Tanjia €€

Das Le Tanjia gehört zu einer neuen Generation von Restaurants in Marrakech, deren Küche traditionelle marokkanische Gerichte neu interpretiert und modern zubereitet. In der Art einer Brasserie werden hier Rucolasalate und Sonntagsbrunche neben klassischer *tajine* angeboten – seine Vielfalt macht dieses Lokal zu jeder Tageszeit zu einer guten Wahl. Das selbstbewusste und stets gelassene Personal und die angenehme Dachterrasse ziehen ein junges, internationales Publikum an. Das Abendessen wird mit Bauchtanz und traditioneller Musik begleitet, was hier lebendiger und echter wirkt als an vielen anderen Orten.

169 D2 ✉ 14, Derb Jedid, Hay Essalame ☎ 0524 38 38 36 ⌚ tägl. 12–15, 19–2 Uhr

La Villa des Orangers €€€

The traditional restaurant and bar that is part of the luxury hotel of the same name prides itself on its refinement. It is elegant and intimate, if rather formal. The daily changing menu of Mediterranean and Moroccan food (gewürzter Lammrücken mit karamellisierten Quitten), bears the stamp of approval of the esteemed Relais and Châteaux group. Be sure to make reservations as far in advance as possible, as tables are reserved first for their in-house guests. Arrive hungry to enjoy your meal to the full.

168 B2 ✉ 6, Rue Sidi Mimoun, Place Ben Tachfine ☎ 0524 38 46 38; www.villadesorangers.com ⌚ tägl. 7–23 Uhr

BARS

Alkoholische Getränke bekommen Sie im Südteil der Medina praktisch nur in einem Hotel, *riad* oder Restaurant. Das La Sultana (➤ 87) hat eine Lounge und eine Pool-Bar, in der allerdings eine Reservierung zum Essen erforderlich ist. Ordentliche Cocktails und internationale Weine bietet die Bar im Nid Cigone (➤ 87), auch hier mit Tischreservierung. In La Villa des Orangers (➤ links) genießen Sie Ihren Drink in einem gemütlichen Salon am offenen Kamin oder im Innenhof. In den beiden nachfolgenden Bars müssen Sie zwar nicht unbedingt etwas zu essen bestellen, Sie sollten im Allgemeinen ihren Drink jedoch dort zu sich nehmen, wo Sie auch zu Abend essen.

Churchill Piano Bar

Sie können Gift darauf nehmen, dass Churchill den einen oder anderen Whisky in seinem geliebten Mamounia Hotel (➤ 70, 87) getrunken hat. Die nach ihm benannte Bar serviert eine große Auswahl an Getränken, natürlich auch erlesene Whiskys, Zigarren und Cocktails. Es handelt sich allerdings nicht nur um eine einfache Bar, sondern um einen historischen, mondänen Club mit Holzvertäfelung, viel Leder und Bildern der Jazz-Größen, die hier bereits aufgetreten sind. Ein Jazz-Pianist spielt jeden Abend ab 21 Uhr und schafft eine besänftigende Atmosphäre für einen Schlummertrunk. Am Eingang wird die Garderobe kontrolliert: keine Shorts oder Sportkleidung, dafür Sakkos für Herren.

168 A3 ✉ Avenue Bab Jedid ☎ 0524 38 86 00; www.mamounia.com ⌚ tägl. 21–morgens

Kosybar

Neben dem bezaubernden Restaurant, das sich auf drei Etagen verteilt (➤ 86), gibt es hier auch eine Bar, zu der der Name passt. Es ist der einzige Ort in diesem Viertel, an dem Sie (außerhalb eines Hotels) alkoholische Getränke bekommen und der deshalb auch gut besucht ist. Genießen Sie Spitzenweine (mit die besten im Land) und köstliche, erschwingliche Cocktails in einer entspannten Umgebung. Egal, ob Sie einen vollmundigen Merlot, einen Mojito mit frischer Minze oder einen frisch gepressten Saft möchten, hier werden ihre Wünsche erfüllt.

168 C2 ✉ 47, Place des Ferblantiers ☎ 0524 38 03 24 ⌚ tägl 12–24 Uhr oder später

Wohin zum … Einkaufen?

Im Vergleich zu den Souks in der nördlichen Medina oder den feinen Boutiquen in der Neustadt, ist das Einkaufen in der Südlichen Medina ganz zwanglos und authentischer. Hauptattraktion ist das Centre Artisanal (➤ 83), das einem Kaufhaus ähnelt. Hier bekommen Sie alles, um ihr Zuhause in marokkanischem Glanz erstrahlen zu lassen. Ohne feilschen zu müssen, können Sie zu vernünftigen Preisen schon nach wenigen Stunden feudale Kissen, Laternen und Lederpuffs Ihr eigen nennen.

Am Place des Ferblantiers gibt es mehrere Geschäfte, die marokkanische Laternen verkaufen. Auf der anderen Straßenseite liegt der überdachte **Gold Souk** mit zahlreichen Goldgeschäften, die den Schmuck verkaufen, den marokkanische Bräute so lieben. Einige Geschäfte bieten auch Silberschmuck der Berber an.

Auf dem **Mellah Markt** (zwischen Place des Ferblantiers und Palais El Badii, Fr vormittags geschlossen), der das Viertel über 500 Jahre versorgte, bekommen Sie frische Lebensmittel und Gewürze. Die Kochkurse sehen häufig einen Rundgang hier vor, um Zutaten zu kaufen. Es macht Spaß, in dieser bunten Atmosphäre einzukaufen, oder auch nur die gigantischen Gewürzkegel zu fotografieren.

Mohammed Bounmentel (12, Place des Ferblantiers, Tel. 0662 08 60 10, tägl. 9–21 Uhr). Zu einem Bruchteil der Preise in der Neustadt finden Sie hier schön gemusterte Laternen und Truhen aus Zinn. Vor dem Kauf sollten Sie die Ware auf Kratzer prüfen.

Geschirr, Vasen und Aschenbecher aus Keramik in bunten Farben hat das **Original Design** (47, Place des Ferblantiers, Bab El Mellah, Tel. 0524 38 03 61). Jedes Teil ist handgemacht, die Preise sind akzeptabel. Die Sachen können Sie sich vom Geschäft nachsenden lassen, wenn sie nicht ins Gepäck passen. **Ayas** (11 Bis, Derb Jdid, Baba Mellah, Tel. 0524 38 34 28; www.ayasmarrakech.com, tägl. 9-21 Uhr) liegt neben dem empfehlenswerten Restaurant Le Tanjia (➤ 88). Seine Besitzerin Nawal verkauft hier ihre herrlichen Designs – traditionell marokkanisch, aber angepasst an westliche Körpergrößen und Geschmack. Eine wahre Oase inmitten der Medina. Hier finden Sie hervorragende Woll- oder Seidenkaftans, Kleider, herrlichen Schmuck, Tücher und schöne Hängekleidchen für Mädchen. Es gibt eine große Auswahl an Pret-a-Porter-Angeboten, aber Nawals Spezialität ist die Maßanfertigung. Sie hat bereits Garderobe für zahlreiche Filmstars geschneidert.

Entlang der rue Riad Zitoun El Jedid bieten verschiedene Geschäfte interessante Kleidung aus der Sahara und Westafrika an. Außerdem liegt hier die winzige **Bijouterie El Yasmine** (68 rue Riad Zitoun El Jedid, Tel. 0615 29 19 29; tägl. 9–18 Uhr), die farbenfrohes Tuareg-Essbesteck mit Griffen aus Harz und Holz anbietet.

The **Centre Artisanal** (7 derb Baissi, Kasbah, Tel. 0524 38 18 53, tägl. 8.30–19.30 Uhr) bietet in einer Ecke eine spezielle Ölabteilung an. Die hübschen Flaschen mit beruhigenden, süß duftenden Orangen- und Rosenextrakten können zur Parfümierung des traditionellen Arganöls verwendet werden (das ebenfalls hier erhältlich ist). Arganöl wird aus den Nüssen des seltenen Arganbaums hergestellt, der an der Südwestküste wächst. Der Baum wurde von der Unesco unter Schutz gestellt und sein Öl gilt als Heilmittel und Feuchtigkeitsspender.

Wohin zum … Ausgehen?

Die Kasbah ist tief in der marokkanischen Geschichte verwurzelt und gespickt mit architektonischer Pracht. Es gibt zwei einzigartige Paläste und zwei interessante Museen, die einen Besuch lohnen. Abgesehen von diesen Sehenswürdigkeiten wird hier wenig zur Unterhaltung geboten. Wenn Sie aber auf Glücksspiel, alkoholische Getränke oder Massagen Lust haben, finden Sie hier ein Casino, eine Cocktail-Bar und herrliche Spas zum Entspannen. Viele der Restaurants (➤ 86) in diesem Teil der Medina bieten jeden Abend ein Begleitprogramm mit Bauchtanz und Folkloremusik.

NACHTLEBEN

Le Grand Casino

Dieses altehrwürdige Art-déco-Hotel ist ein Unterhaltungszentrum in der Alten Medina. Besuchen Sie die Bar und danach die wunderschönen Gärten, gönnen Sie sich ein köstliches Essen und genießen Sie einfach die leicht dekadente Atmosphäre, für die dieses Hotel so berühmt ist. Anschließend können Sie Ihr Glück im Casino herausfordern (➤ 85). Angeboten werden sämtliche üblichen Tischspiele einschließlich Poker, Blackjack und Roulette sowie Spielautomaten.

167 53 ✉ Avenue Bab Jedid ☎ 0524 44 45 70; www.grandcasinomamounia.com ⏲ tägl. 15–5 Uhr

SPAS

Les Bains de Marrakech

Dieses wunderschöne Spa liegt zwischen Königspalast und Saaditengräbern. Wenn Sie die *gommage* (Bürstenmassage) wählen bleibt kein Hautfältchen verschont. Wenn Ihnen der Druck zu stark ist, sagen Sie einfach *doucement* (sanft). Lassen Sie sich erstklassig massieren, bevor Sie sich im Innenhof ausruhen. Die Reservierung mit Vorauszahlung ist Wochen im vorab fällig. Lassen Sie sich dadurch nicht davon abbringen, denn diese Erfahrung wirkt lange nach. An der Rezeption können Sie herrliche Duftöle mit Rosen- oder Orangenaroma kaufen, mit denen Sie Ihre Erinnerung wach halten können.

164 C1 ✉ 2, Derb Sedra, Bab Agnaou, Kasbah ☎ 0524 38 14 28; www.lesbainsdemarrakech.com

Les Bains Ziani

Das unprätentiöse Badehaus in der Nähe des Palais Bahia ist ein guter Kompromiss zwischen den schicken, teueren Spas und den schlichten lokalen Hamams (Männer tragen Badehosen, Frauen baden nackt). Im Angebot sind Jacuzzi, Seealgenbehandlung und Massagen. Das Personal ist freundlich. Les Bains Ziani liegt im Mittelfeld zwischen einem echten marokkanischen Badehaus und den auf internationale Touristen ausgerichteten Spas.

169 D3 ✉ 14, Rue Riad Zitoun El Jedid ☎ 0662 71 55 71; www.hammamziani.ma

La Sultana

Paare können sich hier im traditionellen Hamam (Dampfbad) eine gemeinsame Bürstenmassage geben lassen – eine Besonderheit. Um alle Anwendungen zu probieren, könnten Sie hier eine Woche verbringen. Im Spa dieses smarten Hotels gibt es auch einen Beauty-Salon und einen Frisör. Vorreservierungen sind unerlässlich.

168 C2 ✉ La Sultana Hotel, 403 Rue de la Kasbah ☎ 0524 38 80 08; www.lasultanamarrakech.com

Nördliche Medina

Erste Orientierung

Unmittelbar nördlich der Souks mit ihren verwinkelten Gassen voller Touristen grenzt dieses traditionsreiche Viertel der Medina an. In den verschlungenen, ungekennzeichneten Gassen, die sich nach Norden bis zur Stadtmauer erstrecken, kann man sich leicht verlaufen. Aber das gehört hier dazu.

Die historischen Sehenswürdigkeiten liegen in Gehweite beieinander: Das Musée de Marrakech (➤ 96), Medersa Ben Youssef (➤ 100), das Maison de la Photographie (➤ 105) und die Koubba Almoravide (➤ 98). In der östlichen Peripherie liegen die alten faszinierenden Gerbereien (➤ 102). Das Viertel lebt von seinen Moscheen, historischen Brunnen und lebendigen Kulturzentren. Hier liegt ein *riad*-Hotel neben dem anderen.

Rechts: Die Kuppel der reich verzierten Koubba Almoravide

Nicht verpassen!

1 Musée de Marrakech ➤ 96
2 Koubba Almoravide ➤ 98
3 Medersa Ben Youssef ➤ 100
4 Die Gerbereien ➤ 102
5 Bab Debbagh und Stadtmauern ➤ 104

Nach Lust und Laune!

6 Maison de la Photographie ➤ 105
7 Dar Bellarj ➤ 105
8 Chrob ou Chouf ➤ 105
9 Dar Cherifa ➤ 105
10 Moschee Bab Doukkala ➤ 106
11 Zaouïa de Sidi Bel Abbès ➤ 106

Seite 91: Detail einer Kachel im zentralen Innenhof von Medersa Ben Youssef

An einem Tag

Wenn Sie sich nicht entscheiden können, wo Sie Ihre Tour durch die nördliche Medina starten sollen, finden Sie hier praktische Vorschläge für einen angenehmen Tagesablauf, der Sie auch zu einigen der Sehenswürdigkeiten der vorherigen Karte führt. Weitere Informationen finden Sie bei den Haupteinträgen.

9.30 Uhr

Fangen Sie mit einem Besuch im **1 Musée de Marrakech** (➤ 96) an. Kaufen Sie ein Kombiticket, das auch den Eintritt in die Koubba Almoravide und Medersa Ben Youssef einschließt. Planen Sie eine Pause im reizenden Innenhof-Café nach der Besichtigung der Ausstellung.

11 Uhr

Auf der anderen Straßenseite des Museums liegt die **2 Koubba Almoravide** (➤ 98). Nehmen Sie sich nicht mehr als 15 Minuten Zeit für diese älteste Sehenswürdigkeit, Sie haben heute noch viel vor.

11.15 Uhr

In der Nähe liegt die **3 Medersa Ben Youssef** (rechts; ➤ 100), eine der Hauptattraktionen der Stadt, die einen Besuch lohnt. Anschließend können Sie im **6 Maison de la Photographie** (➤ 105) eine Sammlung hervorragender alter Fotos von Marrakech bewundern.

13 Uhr

Stärken Sie sich im nur wenige Minuten entfernten **Restaurant Le Foundouk** (➤ 108, Reservierung empfohlen).

14.30 Uhr

Besuchen Sie 4 **die Gerbereien** (➤ 102), sie befinden sich etwa 600 m entfernt am Ostende der Medina, und die dekorativen Details des 5 **Gerber-Tors Bab Debbagh** an.

15.30 Uhr

Nehmen Sie für den Rückweg zur Medersa Ben Youssef die belebte Rue Dar El Bacha, an der sich einige sehr gute Antiquitätenläden befinden. Folgen Sie der Rue Bab Doukkala weiter bis zur 8 **Bab Doukkala Moschee** (oben; ➤ 106). Nicht-Muslime dürfen die Moschee nicht betreten.

16.30 Uhr

Zeit zum Einkaufen. Machen Sie sich auf zu den geschäftigen Einkaufsstraßen bei Dar El Bacha und zum angesagten **Souk El Cherifia** (➤ 109), wo viele junge Designer ihre Boutiquen eröffnen.

18 Uhr

Zeit für einen Cocktail im charmanten **La Maison Arabe** (➤ 108) im Kolonialstil. Alternativ bietet sich das **Jardin de Kamal** (➤ 108) an, eine Oase für Drinks und gute Musik inmitten der Medina.

20 Uhr

Etliche sehr gute Restaurants liegen in diesem Stadtteil. Da viele ausgebucht sind, ist eine Reservierung zum Abendessen ratsam. Hervorragend essen können Sie im **Dar Moha** (➤ 107), einem der besten Restaurants der Stadt.

11 Musée de Marrakech

Dieser elegante Palast des ausgehenden 19. Jhs. ist ein Paradebeispiel maurischer Baukunst. Die Hauptattraktion ist das Gebäude selbst, insbesondere der gepflasterte Innenhof mit seinem Springbrunnen, wunderschönen Kacheln und Schnitzereien. Der ehemalige Hamam des Palastes wird heute als Ausstellungsort für zeitgenössische Kunst genutzt.

Der ursprüngliche Wohnsitz des Verteidigungsministers Mehdi Mnebhi wurde an Thami El Glaoui, den Pascha (Vizekönig) von Marrakech, verkauft. Seit der Unabhängigkeit 1956 in Staatsbesitz, war in ihm bis zur Schließung aufgrund baulicher Mängel lange Zeit die beste Mädchenschule Marrakechs untergebracht. Mithilfe der Stiftung Omar Benjelloun wurde der Palast wieder instand gesetzt und 1997 zum Museum für die hochkarätige Kunstsammlung Omar Benjellouns umfunktioniert.

Rechts: Reich verzierter Salon im Museum

Unten: Der Innenhof der ehemaligen Küchen

Klarheit und künstlerischer Ausdruck

Im angenehm kühlen Innenhof können Sie sich unter dem beeindruckenden Lüster auf bequemen Stühlen am Springbrunnen erholen. Traditionelle Hintergrundmusik unterstreicht die Atmosphäre (CDs sind im Museumsshop erhältlich).

In den umliegenden Salons und Bogengängen ist eine interessante Dauerausstellung traditioneller islamischer Kunst zu sehen. Neben arabischen Kalligrafien und einigen uralten Koranbüchern finden Sie islamische Münzen aus dem 8. Jh. In diesem Bereich sind auch traditionelle Trachten wie Kaftane aus Fès und ländliche Tracht aus dem Atlasgebirge ausgestellt.

Edler Schmuck

Bewundern Sie die feinen Stickereien, Textilien und den Schmuck der Berber, die außergewöhnlichen silbernen Hände der Fatima – ein Glücksbringer, der den bösen Blick fern halten soll – und nicht zuletzt die ausdrucksstarken Schwarz-Weiß-Porträts

von Frauen aus dem Atlasgebirge. Sehen Sie sich unbedingt die aufwändigen Keramiken im hinteren Teil der Ausstellung an, schon allein wegen der kunstvollen Decken der Räume. Die Sammlung enthält viele Stücke aus den berühmten Manufakturen von Fès.

In der ehemaligen Palastküche werden heute Wechselausstellungen zeitgenössischer Kunst gezeigt, darunter wichtige Werke marokkanischer Künstler. Das einladende riesige weiße Sofa im ehemaligen Hamam ist herrlich. In den ehemaligen Ställen finden Sie den Museumsshop.

KLEINE PAUSE

Lassen Sie sich eine Pause im reizenden Café im Innenhof des Museums nicht entgehen (➤ 108).

164 C2 ✉ Place Ben Youssef, ☎ 0524 44 18 93; www.museedemarrakech.ma ⌚ tägl. 9.30–18.30 Uhr mittel, es gibt Kombitickets für das Museum, Medersa Ben Youssef und Koubba Almoravide Café (€)

MUSÉE DE MARRAKECH: INSIDER-INFO

Top-Tipps: Die Erklärungen zur Ausstellung auf Arabisch und Französisch lassen zu wünschen übrig. Eine Führung ist empfehlenswert.

- Das Gebäude ist eines der wenigen klimatisierten in diesem Viertel, machen Sie hier eine Pause, bevor Sie sich auf den Weg durch die Hitze machen.

Geheimtipp: Selbst die Toiletten sind kunstvoll und traditionell gekachelt.

Außerdem Das Museum ist ein lebendiges Kulturzentrum. Informieren Sie sich, ob Festivals oder Konferenzen stattfinden.

2 Koubba Almoravide

Die Koubba Almoravide, auch Koubba Ba'adiyn genannt, ist das einzige bauliche Relikt der Almoravidenherrscher, den Gründern der Stadt. Der Eintritt ist im Kombiticket mit dem Musée de Marrakech und Medersa Ben Youssef enthalten.

1117 von Ali Ben Youssef erbaut, ist die beinahe tausendjährige Koubba Almoravide das älteste Bauwerk der Stadt. 1948 wurde die Koubba (Kuppel) unter einem Berg von Erde und Asche entdeckt, 1952 freigelegt und renoviert. Auf den ersten Blick wirkt dieses von wilden Rosen überwucherte und streunenden Katzen belagerte Gebäude unattraktiv. Aber es lohnt sich, genauer hinzuschauen.

Vorzeigestück

Achten Sie auf Ihre Schritte, wenn Sie die ungleichmäßigen Stufen zum früheren Straßenniveau herabsteigen und auf die französischen Hinweisschilder. Das Königreich der Almoraviden (1062–1145) erstreckte sich einst von Südspanien bis Portugal und von Algerien über Marokko bis nach Mauretanien. Sie gründeten Marrakech als ihre Hauptstadt, ihre Bauwerke sollen beeindruckend gewesen sein. Tragischerweise wurde mit der Eroberung durch die Almohaden alles vernichtet. Die Koubba Almoravide ist das verbliebene Prachtstück ihrer einstigen Baukunst.

Nehmen Sie sich Zeit für die Besichtigung. Man nimmt an, dass sich hier auch ein Waschraum sowie die Latrinen der nahe gelegene Youssef Moschee befanden. Die ursprüngliche Moschee gibt es längst nicht mehr, aber sie wurde vielfach neu errichtet. Die Einwohner versorgten sich und ihr Vieh hier mit Wasser, das über das unterirdische Kanalsystem der *khetteras*

Die Koubba Almoravide wurde 1948 bei Ausgrabungen entdeckt

Achten Sie in der Almoravid Koubba auf die Kuppel mit ihren filigranen Verzierungen

hierher geleitet wurde. Die große Zisterne und einige Brunnenreste sind noch zu sehen.

Für Kunsthistoriker haben diese Ruinen einen außerordentlichen Wert. Das Herzstück des kleinen, zwei Etagen hohen Bauwerks ist die Kuppel aus Stroh, Kalk und Steinen, die über einem rechteckigen Becken errichtet ist. Die feinen Bögen, die markante Form des Achtecks und die auffällig mit Palmblättern und Pinienzapfen verzierte Decke waren Vorbilder der marokkanischen Baukunst.

KLEINE PAUSE

Stärken Sie sich mit einem frisch gepressten Saft oder Minztee im angenehmen Café im Innenhof (➤ 108), das vom benachbarten Musée de Marrakech betrieben wird.

164 C2 ✉ Place de la Kissaria ☎ kein Telefon ◷ tägl. 9–13, 14.30–18 Uhr preiswert, das (teure) Kombiticket beinhaltet auch den Eintritt für das Musée de Marrakech und Medersa Ben Youssef

KOUBBA ALMORAVIDE: INSIDER-INFO

Top-Tipp: In der staubigen Koubba mit ihren ungleichmäßigen Treppen gibt es wenig Schatten. Nehmen Sie geeigneten Sonnenschutz und Wasser mit.

Außerdem Die **Stadtmauern und Tore** (➤ 104) und die Ruinen der Moschee neben der **Koutoubia Moschee** (➤ 48) stammen ebenfalls von den Almoraviden. In der viel später gebauten **Medersa Ben Youssef** (➤ 100) finden Sie die Pinienzapfen- und Palmblättermotive wieder.

3 Medersa Ben Youssef

Diese *medersa* bzw. Koranschule ist aus zwei Gründen eine Besonderheit: Ihre Architektur ist atemberaubend und sie ist einer der wenigen religiösen Orte, die Nicht-Muslime betreten dürfen. Die Ben Youssef Medersa wurde im 14. Jh. gegründet und um 1570 durch die Saaditen umgebaut. Sie war einst die größte Koranschule Nordafrikas, in der bis ins zum Jahr 1960 gelehrt wurde.

Die Medersa ist selbst mit Stadtplan nicht leicht zu finden, orientieren Sie sich an der benachbarten Moschee. Der Eingang führt durch einen langen Flur, der zu einem schönen, mit Sonnenlicht überfluteten Innenhof mit Wandelgängen führt. In der Mitte dieses schönen, großzügigen Zentralbereichs befindet sich ein rechteckiges Becken, das für Waschungen benutzt wurde. Kommen Sie früh morgens, wenn Sie die Schönheit der Architektur in Ruhe genießen möchten.

Oben: Der zentrale Innenhof der Medersa Ben Youssef, einer der wenigen islamischen Denkmäler, das von Nicht-Muslimen besichtigt werden darf.

Kunst und Architektur

Die Medersa wurde zwar nach den Vorstellungen des Mereniden-Sultans Abou El Hassan gebaut, von der ursprünglichen Konstruktion ist jedoch wenig erhalten. Die ganze Pracht und die raffinierten Verzierungen sind den Saaditen zu verdanken, die das Gebäude mit viel Aufwand im 16. Jh. weitgehend erneuerten. Genau wie in den Saaditengräbern (➤ 71) wurde jede Oberfläche verziert.

Den Innenhof schmücken bunte Mosaiken, so genannte *zellij*-Kacheln, und feine Stuckarbeiten. Der andalusische Einfluss ist in den dekorativen Elementen und im Baustil deutlich erkennbar. Vermutlich waren Handwerker, die an der südspanischen Alhambra in Granada gearbeitet haben, auch hier am Werk.

Religiöser Zweck

Übersehen Sie bei aller Bewunderung der Schönheit des Gebäudes nicht seinen eigentlich religiösen Zweck. Ursprünglich war die Medersa Teil der Ben Youssef Moschee, der ältesten Moschee Marrakechs, der zweitgrößten nach der Koutoubia. Im Obergeschoss paukten die Schüler den Koran, unter den mit Pfeilern gestützten Galerien am Wasserbecken wurde gelehrt. Am hinteren Ende des Innenhofs liegt die Gebetshalle. Unter ihrer Kuppel versammelte man sich einst zwischen aufwändig geschnitzten Koraninschriften und Palmblätter- und Pinienzapfenmotiven aus Zedernholz zum Gebet.

Unten: Filigrane Stuckarbeiten schmücken das Fenster eines ehemaligen Schlafsaals

Internatzimmer

Zwei Treppenabsätze führen vom Eingang nach oben zu mehr als 100 winzigen Zimmern, die weitere, kleinere Innenhöfe umschließen. Vermeiden Sie die Touristengruppen, die gelegentlich wie Schwärme auftreten. Suchen Sie sich ein leeres Zimmer, schließen Sie die Tür und versuchen sich einen Moment lang vorzustellen, wie diese Waben vor nicht allzu langer Zeit noch von über 900 Schülern bevölkert waren.

KLEINE PAUSE

Stärken Sie sich mit einem frisch gepressten Saft oder Minztee im angenehmen Café im Innenhof (➤ 108), das vom benachbarten Musée de Marrakech betrieben wird.

---

164 C2 ✉ Place Ben Youssef
☎ 0524 44 18 93 ⏲ tägl. 9–18 Uhr mittel, das Kombiticket beinhaltet auch das Musée de Marrakech und die Koubba Almoravide.

MEDERSA BEN YOUSSEF: INSIDER-INFO

Top-Tipp: Früh am Morgen oder gegen Ende des Tages vermeiden Sie den Andrang großer Reisegruppen.

Außerdem Im Spielfilm *Marrakech – Hideous Kinky* von 1998 wandelt Kate Winslet in der Ben Youssef Medersa auf den Pfaden sufistischer Mystik.

Geheimtipp Die Informationstafeln sind nur auf Französisch. Zwei Studierzimmer sind original eingerichtet: Mit einer Schlafmatte, Teegeschirr und einem Schreibtisch.

4 Die Gerbereien

Die hoch ausgebildeten Handwerker, die in den Gerbereien arbeiten, leben nicht nur räumlich am Rande der Gesellschaft. Ihr handwerkliches Wissen wurde bis heute von einer Generation an die nächste weiter gegeben und ihr Können genießt internationalen Ruf. Hier bekommen Sie einen einzigartigen Einblick in ein Handwerk, das es bald nicht mehr geben wird.

Die Gerbereien und ihr Gestank sind an das Ostende der Medina gedrängt. Hier ist der Oued Issil Fluss jenseits des dekorativen Gerber-Tors Bab Debbagh leicht zugänglich. In diesem Teil der Stadt ist mit den meisten Angeboten durch selbsternannte Fremdenführer zu rechnen. Tatsächlich sind die Gerbereien schwer zu finden, aber für die angebotene Minze gegen den fauligen Geruch und für die Führungen wird natürlich ein Entgelt erwartet.

Uralte Tradition

Das Gerbprozess dauert über 20 Tage und ist seit dem Mittelalter so gut wie unverändert. Kuh-, Ziegen-, Schafs- und Kamelhäute werden zunächst von Fell- und Fleischresten gereinigt. Wer sich leicht ekelt, sollte diesen Arbeitsschritt lieber übergehen. Danach kommen die Häute zum Härten in ein Becken mit Wasser und Blut. Bevor sie getrocknet werden, werden sie zum Weichmachen mit tierischem Urin und Taubendreck getränkt.

Die großen Becken mit bunter Farbe erinnern an einen riesigen Wasserfarbkasten. Die Arbeitsbedingungen für die Gerber sind haarsträubend, sie stehen schon mal bis zur Hüfte in den Flüssigkeiten, ihre Haut ist ständig verschiedenen Chemikalien ausgesetzt. Traditionell wurden natürliche Farbstoffe wie Safran für Orange, Indigo für Blau und Mohn für Rot, sowie verschiedene Baumrinden und Beeren benutzt. Diese Naturfarben sind heute weitgehend durch synthetische ersetzt, aber die uralten Methoden sind geblieben. Sobald die Häute gefärbt und in der Sonne getrocknet sind, werden sie zu Handelswaren verarbeitet.

Dieses alte Handwerk erfordert Fingerfertigkeit und technische Kenntnisse, die innerhalb der Familien, die sich oft zu Kooperativen zusammenschlossen, von einer Generation an die nächste überliefert wurden. Die schädlichen Chemikalien belasten die Gesundheit und oft

DIE HÖLLE AUF ERDEN

Durch die grauenvollen Arbeitsbedingungen sind die Gerber von zahlreichen Legenden umwoben, so auch der, dass sie zum Leben verdammte Dämonen seien. Das traditionelle Gerben ist ein Alptraum für die Umwelt, sie verschmutzt Wasser wie Luft enorm mit toxischen Substanzen. In Marrakech und Fès gibt es Pläne, die Gerbereien in entlegenere Gebiete zu verlegen – besuchen Sie sie solange sie noch in Reichweite sind!

Links: Das Präparieren und Färben dauert 20 Tage

Unten: Arbeiter rollen die Häute auf und lassen sie in der Sonne trocknen

erkranken Männer schon im mittleren Alter so schwer, dass ihre Söhne früh das Geschäft übernehmen müssen.

KLEINE PAUSE

Das **Le Foundouk** (€€€; ➤ 108) bietet sich für einen Drink oder ein Mittagessen auf der schönen Dachterrasse an, auf der man vom Ledergeruch nichts mehr wahrnimmt.

165 E3 Rue de Bab Debbagh, Quartier des Tanneurs
tägl. 9.30–18 Uhr, der Hauptbetrieb ist vor 13 Uhr preiswert

DIE GERBEREIEN: INSIDER-INFO

Top-Tipps: Die jungen Männer, die Ihnen hilfsbereit den Weg im Gerber-Viertel zeigen wollen, verlangen gerne überhöhte Honorare und können aufdringlich werden.

- Ein Zweig Minze gegen den Gestank, ob selbst mitgebracht oder vor Ort besorgt, kann nicht schaden.
- Kommen Sie mit Ihrem eigenen Führer, den Ihr Hotel oder *riad* empfiehlt, oder gehen Sie auf eigene Faust durch das Viertel.

Außerdem Die meisten Lederwaren, Taschen, Lampen, Pantoffeln oder Puffs, die in den Souks verkauft werden, werden hier hergestellt. Nach der Besichtigung der Gerbereien erscheinen Ihnen Ihre Souvenirs gewiss noch wertvoller.

5 Bab Debbagh und Stadtmauern

Die Stadtmauer trennt die Altstadt von der Neustadt. Der vor fast 1000 Jahren erbauten, 19 Kilometer langen Befestigung verdankt Marrakech seinen Spitznamen »Rote Stadt«.

1126 ließ der Almoraviden-Sultan Ali Ben Youssef den 10 m hohen Wall bauen, um dem verfeindeten Stamm der Almohaden zu trotzen. Die Stadt wurde zwar 1147 doch erobert, aber die teilweise bis zu 2 m dicken Mauern und über 200 Wachtürme auf einer Länge von 6 km blieben erhalten.

Ihre mittelalterliche Bauweise aus *pisé* (Erde) hat sich als sehr dauerhaft erwiesen. Die unterschiedlich gestalteten Stadttore dienten verschiedenen Zwecken und sind unregelmäßig in der Mauer eingelassen. Das schön verzierte Bab Debbagh und das Bab Agnaou (➤ 88) sind maurisch gestaltet. Mit der Zeit wurden weitere, weniger verzierte Tore eingefügt, um den Zugang zur Medina zu erleichtern.

Bab El Khemis ist eines der Stadttore

165 E3 (aber die Stadtmauern grenzen die Medina ab)

BAB DEBBAGH & STADTMAUERN: INSIDER-INFO

Top-Tipps: Am schönsten sind die Stadtmauern am frühen Morgen oder im Abendrot, wenn sie orange glühen.

- Ein Spaziergang an der Stadtmauer ist eine staubige und laute Angelegenheit. Eine Fahrt mit der *calèche* (Pferdekutsche) um die Mauern war einst beliebt, allerdings haben Verkehr und Verschmutzung in den letzten Jahren stark zugenommen, sodass dies nicht mehr zu empfehlen ist. Eine Fahrt über die grünen Straßen an der Ostseite des Königspalasts kann aber sehr angenehm sein.

Nach Lust und Laune!

Dar Bellarj war früher eine Tierklinik für Störche. Der Vogel wird in Marrakech als heilig verehrt

6 Maison de la Photographie

Ein Newcomer in der Kulturszene ist dieses kleine Fotografiemuseum, das nur wenige Häuser vom Restaurant Le Foundouk (➤ 108) entfernt liegt. Es beherbergt eine faszinierende Sammlung historischer Fotografien von Marokko, die bis auf das Jahr 1860 zurückgehen. In einem Fernsehraum werden alte Dokumentationen und Filme gezeigt. Das Café auf dem Dach bietet einen schönen Blick über die Medina.

165 D2 ✉ 46, Rue Ahal Fès ☎ 0524 38 57 21; www.maison-delaphotographie.com ⊙ tägl. 9–19 Uhr mittel

7 Dar Bellarj

Das Kulturzentrum »Storchenhaus« liegt unmittelbar nördlich von der Medersa Ben Youssef in Richtung Ben Youssef Moschee. Im Haus befand sich früher eine Tierklinik für Störche, die in Marrakech als heilig gelten. Der eintrittspflichtige Besuch lohnt sich allerdings nur, wenn gerade eine Veranstaltung oder Ausstellung im Programm ist. Informieren Sie sich vorab in der Lokalzeitung.

164 C3 ✉ 9, Rue Toulat Zaouiat Lahdar ☎ 0524 44 45 55 ⊙ Mo–Sa 9.30–18 Uhr mittel

8 Chrob ou Chouf

Der Name dieser öffentlichen Quelle ist von einer ihrer arabischen Inschriften abgeleitet und bedeutet »trinke mit Bewunderung«. Sultan Ahmed El Mansour (1578–1603), der mächtigste aller Saaditenkönige, ließ sie einst erbauen. Dass er die Quelle öffentlich zugänglich machte, hatte den praktischen und zugleich spirituellen Zweck, seinem Volk die im Koran vorgeschriebene körperliche Reinlichkeit zu ermöglichen. Gleichzeitig konnte er sich wohltätig, stilvoll und gebildet zeigen. Die Quelle entspringt unter einem wunderschön geschnitzten Balken in einer Nische.

164 C3 ✉ direkt an der Rue Bab Taghzout

9 Dar Cherifa

Dar Cherifa ist ein Literaturcafé mit wechselnden Kunstausstellungen in einem wunderschön renovierten Stadthaus inmitten der Souks. Bezaubernde Schnitzereien und Stuckarbeiten zieren die schlichten Räumlichkeiten, in denen marokkanische und internationale Kunst präsentiert wird. Gelegentlich finden Konzerte und andere kulturelle Veranstaltungen statt. Hier können Sie bei einer Tasse Minztee oder einem leichten marokkanischen Mittagessen im Innenhof oder auf der Dachterrasse entspannen und die Bücher der kleinen Bibliothek über marokkanische Kunst durchstöbern.

164 B2 ✉ 8, Derb Charfa Lakbir, bei der Rue Sidi El Yamani ☎ 0524 42 64 63; www.marrakech-riads.net ⊙ tägl. 9–19 Uhr, manchmal unregelmäßig geöffnet frei

10 Moschee Bab Doukkala

Das hoch aufragende Minarett der Moschee ist das hiesige Wahrzeichen. Leider dürfen Nicht-Muslime die Moschee nicht betreten. Sie stammt wie der Sidi El

Das grün gekachelte Dach und der weitläufige Innenhof von Sidi Bel Abbès Zaouïa

Hassan-Brunnen davor aus dem 16. Jh. und wird von der Gemeinde des florierenden Viertels genutzt. Die Rue Bab Doukkala führt vom Palast Dar El Bach (nicht öffentlich), auch bekannt als Thami El Glaouni (➤ 18) durch das gleichnamige Stadttor und war einst die Verbindungsstraße zur Berberregion Doukkala.

164 A2 ✉ Rue Bab Doukkala ☎ kein Telefon kein Zutritt für Nicht-Muslime

11 Zaouïa de Sidi Bel Abbès

Nicht-Muslime können einen Blick auf den großen, offenen Innenhof und die Moschee mit Koranschule erhaschen, dürfen die religiösen Anlagen aber nicht betreten. Sidi Bel Abbès, lebte im 12. Jh. und wurde zum bedeutendsten der sieben Stadtheiligen, deren Gräber seit dem 17. Jh. zum beliebten Wallfahrtsziel geworden sind. Es heißt, Sidi Bel Abbès habe Blinden das Augenlicht wieder geben können. Auch heute noch kommen Blinde und Behinderte hierher.

164 B4 ✉ Ecke Rue Sidi Ghanem und Rue Bab Taghzout kein Zutritt für Nicht-Muslime

FÜR KINDER

- Gehen Sie mit den Kindern in das Kulturzentrum »Storchenhaus« Dar Bellarj und zeigen Sie danach, wie die echten Störche auf dem Dach des Palais El Badii (➤ 73) leben.
- Machen Sie eine Kutschfahrt um die Stadtmauern (➤ 104). Die meisten Kinder lieben Fahrten mit einem Pferdegespann.

Wohin zum … Essen und Trinken?

Preise
Die Preise gelten pro Person für ein Essen ohne Getränke (► 38):
€ unter 15 Euro **€€** 15–30 Euro **€€€** über 30 Euro

Chez Yassin €
Kein Restaurant im eigentlichen Sinne, sondern ein einfacher, sehr sauberer Imbiss. Serviert werden günstige, lecker zubereitetet marokkanische Gerichte sowie Pasta und leckere Pizza-Interpretationen.
164 A2 ✉ Rue Fatima Zohra, nahe Hammam Dar el Bacha ☎ kein Telefon ⌚ 9–22 Uhr

Dar Marjana €€€
Ein etabliertes Restaurant der Oberklasse, das marokkanische Menü wird vom höflichen Personal in Begleitung musikalischer und tänzerischer Folklore serviert. In diesem exquisiten traditionellen *riad* können Sie im ersten Stock auf der Galerie oder unten im Innenhof essen. Das Essen ist ebenso gut wie das Umfeld und ein oder zwei Cocktails im Hof vor dem Essen sind ein absolutes Muss.
164 A2 ✉ 15, Derb Sidi Ali Tair, Bab Doukkala ☎ 0524 38 57 73; www.darmarjanamarrakech.com ⌚ Mi–Mo 20–23 Uhr

Dar Moha €€€
Das Dar Moha gilt allgemein als eines der besten Restaurants von Marrakech. Eigentümer und Chefkoch Mohammed serviert hier seine hervorragende marokkanische Nouvelle Cuisine in einer luxuriösen Villa aus dem frühen 20. Jahrhundert. Versuchen Sie, einen Tisch am Pool im Garten für einen romantischen Abend zu bekommen. Die festen Drei-Gänge-Menüs bestehen aus leichten, innovativen marokkanischen Gerichten. Sie werden aus saisonalen Produkten zubereitet und appetitlich serviert. Die Mittagsmenüs sind günstiger. Reservierung unbedingt erforderlich.
164 B2 ✉ 81, Rue Dar El Bacha ☎ 0524 38 64 00; www.darmoha.ma ⌚ Di–So 12–15, 19.30–spätnachts

Dar Yacout €€€
Eine lokale Institution und mit Sicherheit in jedem Restaurantführer Marrakechs, aber nicht immer so gut, wie ihr Ruf verspricht. Das nach dem nahe gelegenen Stadttor Bab Yacout benannte Lokal liegt im nordöstlichen Bereich der Medina. Es ist luxuriös und weitläufig, auf vier Etagen verteilt, besitzt einen Pool, eine Dachterrasse und anheimelnde Sitzecken. Starten Sie mit einem Aperitif (im Preis inbegriffen) auf der Terrasse, bevor Sie sich das dreigängige Menü vornehmen. Reservierung unbedingt erforderlich.
164 A3 ✉ 79, Derb Sidi Ahmed Soussi, Bab Doukkala ☎ 0524 38 29 00 ; www.yacout.net ⌚ Di–So 19 Uhr bis spätnachts

Dar Zellij €€€
Angeboten werden verschiedene feste Menüs zu unterschiedlichen Preisen. Alle umfassen *tagines*, Salate und Couscous. Das reizende traditionelle Riad verfügt über einen weiß getünchten Innenhof und zahlreiche heimeligere Alkoven. Genießen Sie einen Aperitif auf der Dachterrasse und ein Essen bei arabisch-andalusischer Musik – ideal für einen gelungenen romantischen Abend.
164 B4 ✉ 1 Kaasour, Sidi Ben Slimane ☎ 0524 382627; www.darzellij.com ⌚ Mi–Mo 19.30–23.30pm, Sa und So Brunch 11–15 Uhr

Le Foundouk €€€

Le Foundouk ist ein altes Spitzenrestaurant mit verlässlich guter Küche. Das düstere Interieur mit spärlicher Beleuchtung ist nachts am stimmungsvollsten. Tagsüber können Sie auf der Dachterrasse ein leichtes Mittagessen, wie Lachsquiche und Pistaziensorbet, bestellen. Die Abendkarte ist reichhaltiger – mit französischen Gerichten und traditioneller marokkanischer Kost.

165 D2 55, Rue Souk des Fassi, Kat Bennahïd 0524 37 81 90; www.foundouk.com Di–So 12–24 Uhr

Gastro MK €€

Ein gutes, mehrgängiges Degustationsmenü wird im Restaurant des Riads Maison MK serviert. Das Essen ist leicht, innovativ und köstlich. Eine Kombination aus traditioneller marokkanischer und moderner französischer Küche, zubereitet vom hervorragenden marokkanischen Küchenchef. Getränke werden ab 19 Uhr auf der Terrasse serviert, das Abendessen ab 20 Uhr. Reservierung erforderlich.

164 B2 Maison MK, 14 Serb Sebaal, Quartier Ksour 0661 60 03 82; www.maisonmk.com geschl. mittags (Mi nur für Hotelgäste)

Jardin de Kamal €–€€

Dieses neu eröffnete Gartencafé/Loungebar/Restaurant wird vom charmanten Kamal Laftimi geführt. Eine Oase in der Medina und ein toller Ort für einen entspannten Nachmittag. Es verfügt über einen baumbestandenen Innenhof, eine kleine Dachterrasse und einige herrliche halboffene Bereiche im Innenraum. Eine hervorragende Option für einen Minztee oder ein leichtes Mittagessen.

168 C5 32, Derb Sidi Abdelaziz, Souk Jeld 0524 37 82 95

La Maison Arabe €€

Dieses *riad*-Restaurant wurde in den 1940er-Jahren eröffnet und gehört zu den ältesten der Stadt. Diese zwei marokkanischen und französisch-asiatischen Restaurants wirken mit ihrer kolonialen Atmosphäre ein wenig verstaubt, aber die Gerichte à la Carte sind sehr gut. Starten Sie mit einem der hervorragenden Cocktails und einigen asiatisch inspirierten Tapas in der Bar Le Club in den Abend. In einigen Bereichen dieses alten Riads ist es so gemütlich, dass man sich wie bei Oma zu Hause fühlt. Der Service ist sehr freundlich. Es gibt außerdem eine Snack-Bar am Pool mit leichten Gerichten à la carte.

164 A2 1, Derb Assehbe, Bab Doukkala 0524 38 70 10; www.lamaisonarabe.com tägl. 12–15, 20–23 Uhr

Musée de Marrakech €

Das schlichte Innenhof-Café liegt am Eingang des besten Museums der Stadt. Hier können Sie sich bei einem frischen Saft oder Minztee erfrischen, bevor Sie sich wieder in die Medina stürzen. Es gibt einen guten Salat Niçoise und ordentliche Sandwichs, aber auch jede Menge Katzen, die im Viertel leben.

164 C2 Place Ben Youssef 0524 30 18 52; www.museedemarrakech.ma tägl. 9–18.30 Uhr

Le Riad des Mers €€

Steigen Sie am Bab Yacout aus dem Taxi, wenn Sie ins »*riad* der Meere« wollen. Auf der Karte stehen frische Meeresfrüchte, die täglich aus den Küstenorten geliefert werden, sogar Austern und Hummer. Genießen Sie fangfrisches *tartare* mit Soßen oder in Salzkruste oder probieren Sie zur Abwechslung die italienischen Gerichte.

163 F4 411, Derb Sidi Messaoud 0524 37 53 04; www.ilove-marrakesh.com/riaddesmers tägl. Mittag- und Abendessen

Terrasse des Épices €–€€

Dieses Lokal gehört zum größeren und zu Recht sehr beliebten Café des Èpices (► 60). Sie bekommen hier kleinere Gerichte, Salate, Spieße und Schokodesserts neben kulturellen Abendveranstaltungen. Den Ausblick von der Dachterrasse sollten Sie nicht verpassen. Zur Mittagszeit ist es hier allerdings sehr voll.

164 C2 15 Souk El Cherifia, Sidi Abdelaziz, 150 m von der Rue Dar El Bacha 0524 37 59 04; www.terrassedesepices.com tägl. 9–23 Uhr

Wohin zum ... Einkaufen?

Während das Einkaufen in den südlicheren Souks hektisch sein kann, sind die Geschäfte in diesem Teil der Medina ruhiger. Auf der Rue Dar El Bacha, die zu den belebtesten Straßen hier gehört, sind die Antiquitätenläden versammelt. Wenn Sie etwas Ausgefallenes suchen, gehen Sie zum faszinierenden Lebensmittelmarkt am Bab Doukkala oder auf den Flohmarkt, *marché aux puces*, im Souk El Khemis, jenseits der nördlichen Stadtmauer.

Der Flohmarkt findet unter freiem Himmel im **Souk El Khemis** (beim Bab El Khemis Tor, tägl. aber am besten Do und So 8–12 Uhr) statt. Kommen Sie früh, wenn Sie Schnäppchen suchen. Rechnen Sie damit, dass Sie wertloses Zeug durchwühlen müssen, um außergewöhnliche oder altmodische (selten antike) Schätze zu finden.

Der tägliche Lebensmittelmarkt am **Bab Doukkala** (Rue Bab Doukkala) ist bunt und unterhaltsam, egal ob Sie einkaufen oder sich nur umschauen.

Der französische Buchladen **Librairie Dar El Bacha** (2, Rue Dar El Bacha, Tel. 0524 39 19 73; tägl. 9–17 Uhr) ist auf Kunst, Literatur und Kultur spezialisiert und ein kleines Kulturzentrum.

Die **Kunstgalerie Khalid** (14, Rue Dar El Bacha, Tel. 0524 44 24 10, tägl. 9–20 Uhr, freitags vormittags geschlossen) stellt gute Handwerksarbeiten aus. Der Laden voller Schmuck, Textilien und Teppiche ist einen Besuch wert.

Ein Stück weiter die Straße herunter liegt der immer beliebtere **Souk El Cherifia** im gleichen Gebäude wie die **Terrasse des Épices** (➤ 108). Hier eröffnen immer mehr ausgefallene Designer ihre Geschäfte. Schauen Sie sich die coolen Handtaschen im Stil der 1970er Jahre bei **Lalla** (Tel. 0661 47 72 28; www.lalla.fr; tägl. 10.30–18.30 Uhr) an, die von Laetitia Trouillet entworfen werden. Auch **Kulchi** (Tel. 0542 43 77 02, tägl. 10.30–18.30 Uhr) hat hier ein Geschäft eröffnet, in dem tolle Taschen, Schmuck und Baumwollkleidung angeboten werden. Auf der anderen Seite des Komplexes liegen **Stephanie Jewels** (0613 70 70 22; www.stephaniejewels.com; tägl. 10–18 Uhr), das filigranen Schmuck anbietet, sowie einige andere interessante Geschäfte.

In der kleinen, hübschen **Librairie du Musée de Marrakech** (Place Ben Youssef, Tel. 0524 44 18 93, tägl. 9–18.30 Uhr) finden Sie Ausstellungskataloge, Kunst- und Kochbücher, T-Shirts und Postkarten.

Mustapha Blaoui (142–144, Bab Doukkala, Tel. 0524 38 52 40, tägl. 8.30–20.30 Uhr, Fr vormittags geschlossen) bietet marokkanische Handwerkskunst zu günstigen Preisen an. Es ist ein kleiner Laden, der mit preiswerter Keramik, Laternen und Lederpuffs vollgestopft ist, aber auch teure Möbel und Antiquitäten führt.

La Qoubba (91, Souk Talaa, Tel. 0524 38 05 15; www.art-gallery-marrakech.com) ist eine alteingesessene Kunstgalerie in der Nähe des Marrakech Museums (➤ 96) mit einer Sammlung und Wechselausstellungen marokkanischer und internationaler Kunst.

La Porte d'Or (115, rue Souk Semmarine, Tel. 0524 44 54 54) hat eine Auswahl ausgesuchter Antiquitäten, wunderschön geschnitzte Türen, und traditionelle Berberteppiche.

Wohin zum … Ausgehen?

Außerhalb der *riads* und Hotels gibt es praktisch kein Nachtleben. Die hart arbeitenden Bewohner dieses traditionellen marokkanischen Wohnviertels haben wenig Freizeit. Einige wenige verstreute Bars und kulturelle Treffpunkte (Dar Bellarj und Dar Cherifa, ➤ 105), bieten manchmal Abendveranstaltungen an. Kommen Sie tagsüber für einen Kochkurs hierher oder besuchen Sie den Cyber Park.

Cyber Park Arsat Moulay Abdeslam

Der königliche Garten mit uraltem Palmenbestand wurde u. a. von Philips und Microsoft zu einem »Cyber Park« umgewandelt. Im 8 Hektar großen Park ist WLAN verfügbar und es gibt ein Haus mit Internetterminals, die allerdings nicht immer betriebsbereit sind. Sie treffen hier Einheimische, die den verstopften Straßen entfliehen und durch die wunderschön angelegte moderne Gartenanlage spazieren oder sich an den Springbrunnen und im Schatten der Orangenbäume entspannen wollen.

167 E4 und F4 ✉ Avenue Mohammed V (Eingang gegenüber Ensemble Artisanal)
☎ kein Telefon; www.arsatmoulayabdeslam.ma
tägl. 9–19 Uhr frei

Ministerio del Gusto

Das »Ministerium des Geschmacks« ist eine schillernde Galerie, die ein breites Spektrum aktueller Designtrends präsentiert. Die Designer Fabrizzio Bizzari und Alessandra Lippini präsentieren und verkaufen die Dinge, die sie mögen – historische Möbel, Designerkleidung und -schmuck, selbstentworfene Möbel und Kunstwerke. Mehrmals pro Jahr finden Konzerte und Ausstellungen statt. Es ist nicht leicht zu finden, aber jeder auf der Rue Sidi El Yamamia kann Ihnen den Weg zeigen.

168 C5 ✉ 22, Derb Azzouz El Mouassine, bei der Rue Sidi El Yamani ☎ 0524 42 64 55; www.ministerodelgusto.com
Mo–Sa 10–13, 15–18.30 Uhr

Piano Bar

Die stilvolle Pianobar im Maison Arabe ist der ideale Ort, um mit leckeren Cocktails oder einem guten Wein den Abend zu beginnen oder zu beenden.

163 F3, 1 derb Assebhe, Bab Doukkala, ☎ 0524 38 70 10; www.lamaisonarabe.com
tägl. 18.30–23 Uhr

KOCHKURSE

Riad Enija

Ein-Tages-Kurse, die speziell auf Ihre Fragen eingehen: Erfahren Sie, wie lockeres Couscous zubereitet wird oder wie man Gewürze auswählt. Nach dem Besuch auf dem Gewürzmarkt erhalten Sie eine private Kochstunde in der Küche des *riads*. Das Riad Enija Kochbuch enthält wunderschöne Fotografien und inspirierende Rezepte für Menüs. Der Kurs ist sehr empfehlenswert, denn die kleinen Gruppen und die unterhaltsame Anleitung machen ihn zu einem besonderen Erlebnis. Jeder kann mitmachen, aber auch hier ist es ratsam, vorab zu buchen.

164 C2 ✉ 9, Derb Mesfioui, bei Rahba Kedima ☎ 0524 44 09 26; www.riadenija.com

La Maison Arabe

Die Workshops finden im zauberhaften Garten einer Villa statt, die 20 Minuten außerhalb der Medina liegt. Es soll in erster Linie Spaß machen, die Teilnehmer dürfen ihre Kreationen mittags verspeisen. Kleine Gruppen und jede Menge Anregungen und Einkaufstipps für Gewürze und *tajine*-Töpfe.

163 F3 ✉ 1, Derb Assebhe, Bab Doukkala ☎ 0524 38 70 10; www.lamaisonarabe.com
Kurse: 10–16 Uhr

Neustadt

Erste Orientierung

★ Nicht verpassen!

1. Jardin Majorelle und Musée d'Art Islamique ➤ 116
2. Guéliz ➤ 118
3. Jardin Ménara ➤ 120

Seite 111: Lavendelsäckchen mit der Hand Fatimas als Glücksbringer

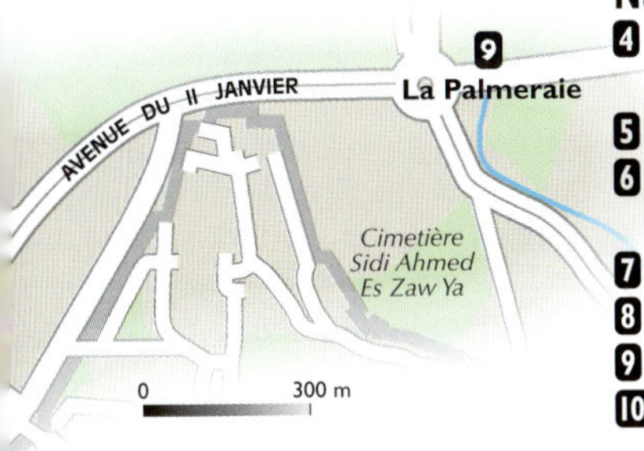

Nach Lust und Laune!

4 Avenue Mohammed V ➤ 122
5 Hivernage ➤ 122
6 Église des Saints-Martyrs ➤ 122
7 Théâtre Royal ➤ 122
8 Cimetière Européen ➤ 123
9 La Palmeraie ➤ 123
10 Sidi Ghanem ➤ 123

Nur einen Steinwurf von der alten Medina begegnen Sie einer europäisch-marokkanischen Urlaubsatmosphäre. Die zwei bemerkenswertesten Parks Marrakechs liegen hier sowie eine Reihe schicker Boutiquen und Restaurants. Auch das Gewerbegebiet Sidi Ghanem lohnt wegen seiner hervorragenden Einkaufsmöglichkeiten einen Besuch.

Unten links: Sonnenuntergang im Jardin Ménara

Unten rechts: Théâtre Royal, Guéliz

Die Ville Nouvelle oder Neustadt mit ihren breiten, begrünten Prachtstraßen wurde von den Franzosen zwischen 1912 und 1956 erbaut. Genau genommen umfasste sie Guéliz und Hivernage, doch inzwischen dehnt sie sich über La Palmeraie und weiter aus. In La Palmeraie und dem ganzen Umland Marrakeschs lassen internationale Unternehmen Palmenwälder und Buschland für groß angelegte Freizeitparks mit Casinos und Nachtclubs roden – Teil des Entwicklungsplans des Königs für das 21. Jh. Marrakesch zeigt sich hier von seiner modernsten Seite.

An einem Tag

Wenn Sie sich nicht entscheiden können, wo Sie Ihre Tour durch die Neustadt starten sollen, finden Sie hier praktische Vorschläge für einen angenehmen Tagesablauf, der Sie auch zu einigen der Sehenswürdigkeiten der vorherigen Karte führt. Weitere Informationen stehen bei den Haupteinträgen.

9 Uhr

Machen Sie es den *Marrakchi* nach und starten Sie den Tag mit einem *nus nus* (»halb halb«), eine Art Caffe Latte, im **Café des Négociants** (➤ 124). Hier können Sie Zeitung lesen, Ihre neue Sonnenbrille zur Schau stellen und das Leben Marrakechs beobachten.

9.30 Uhr

Nehmen Sie ein Taxi oder gehen Sie zu Fuß zum herrlichen **1 Jardin Majorelle** (➤ 116). Er wurde vom Maler Jack Majorelle gestaltet und von Yves Saint Laurent restauriert, dessen Asche später im Garten verstreut wurde. Besuchen Sie hier das **Musée d'Art Islamique** im Studio von Jack Majorelle. In einer Boutique können Sie zudem Postkarten kaufen, die Sie dann im Café im Hof auch gleich schreiben können.

10.45 Uhr

Verlassen Sie den Garten und besuchen Sie gleich gegenüber den ersten Conceptstore Marokkos, **33 Rue Majorelle** (➤ 126). Hier wird eine aufregende Sammlung von Kunstwerken, Kleidung, Möbeln und Polstermöbeln im marokkanischen Stil von modernen Designern angeboten.

11.15 Uhr

Mieten Sie für einen halben Tag ein Taxi (Sie müssen feilschen) und fahren Sie zum Einkaufen zum Gewerbegebiet **10 Sidi Ghanem** (➤ 123, 126), wo viele Designer Geschäfte eröffnet haben.

13.30 Uhr

Lassen Sie Ihre Einkäufe im Taxi und gehen Sie zum Mittagessen ins **Le Zinc** (➤ 125), eine hervorragende Brasserie im französischen Stil im Gewerbegebiet. Sie ist sehr beliebt, Sie sollten also vorab reservieren.

15 Uhr

Fahren Sie zum **3 Jardin Ménara** (➤ 120) und machen Sie einen Nachmittagsspaziergang, um die Kalorien des dreigängigen Mittagessens abzutrainieren. Genießen Sie die kühle Brise und den Blick vom Pavillon.

16.30 Uhr

Fahren Sie nach Guéliz, um die europäische Seite von Marrakech bei einem Spaziergang durch die Straßen kennenzulernen. Auf der **4 Avenue Mohammed V** eröffnen immer mehr internationale Ketten. Auch zahlreiche Cafés finden Sie hier. Wenn Sie Kunst mögen, können Sie sich eine der modernen Galerien anschauen (➤ 27). Insbesondere die **Passage Ghandouri** zwischen der Avenue Mohammed V und der Rue de Yougoslavie ist empfehlenswert. Anschließend können Sie sich etwas ausruhen, bevor Sie in den Abend starten.

19 Uhr

Das **Grand Café de la Poste** (➤ 125) ist der ideale Ort für einen Aperitif in der Nähe der Avenue Mohammed V. Hier wird Ihnen das Beste der Cafékultur Marrakechs geboten und vielleicht bleiben Sie gleich bis zum Abendessen. Es gibt aber auch noch andere gute Angebote in der Nähe.

23 Uhr

Wenn Sie jetzt noch Energie haben, können Sie sich zu einem der angesagten **Nachtclubs** (➤ 128) in Hivernage aufmachen. Ansonsten lassen Sie den Abend ausklingen.

Jardin Majorelle und Musée d'Art Islamique

In dieser kühlen blauen Oase der roten Wüstenstadt können Sie in den schön angelegten Parkanlagen unter hohen Palmen Energie tanken und sich zugleich kulturell bilden. Die revolutionäre kornblumenblaue Farbe, in der die Mauern des 1947 eröffneten Parks gehalten sind, wurde als »Majorelle bleu« bekannt. Das vor kurzem renovierte kleine Museum islamischer Kunst im ehemaligen Atelier zeigt die Privatsammlung Yves Saint Laurents und die Kunst des französischen Malers Jacques Majorelle, der hier lebte.

Jacques Majorelle (1886–1962) malte dezente, eher düstere Aquarelle, sein Vater Louis stellte Möbel her. Ihr beeindruckendstes Werk ist jedoch dieser gemeinsam gestaltete Garten. Nach dem Tod von Jacques Majorelle verwilderte der Garten, bis er 1980 von einem Nachbarn, dem Modemacher Yves Saint Laurent, gekauft wurde. Die Asche des Modedesigners wurde nach seinem Tod 2008 in seinem geliebten Garten verstreut. Die Stelle ist durch eine Säule markiert.

Am Eingang empfängt Sie ein plätschernder Brunnen und ein raschelnder Bambuswald. Rechter Hand haben Sie einen unvergleichlichen Blick auf einen Seerosenteich wie bei Monet. Im Garten sind Pflanzengattungen aus aller Welt versammelt, u. a. Kakteen, Bambus und Palmen. Die schattigen Bänke laden zum Verweilen ein. Immer wieder stoßen Sie auf blaue Blumentöpfe aus Terrakotta und umherwandernde Schildkröten. 15 Vogelarten leben hier, darunter weißbrüstige Fliegenschnäpper, hübsche Turteltauben und Turmfalken.

Der Jardin Majorelle wurde von der Idee eines Gartens im Koran inspiriert. Dort gilt ein umschlossener Garten als Sinnbild des Paradieses. Der Stil ist allerdings neu und einzigartig. Geschützt durch Mauern ist das zentrale Wasserbecken von saftigem Grün und schlichter Architektur umgeben. Versuchen Sie morgens früh zu kommen, um dieses friedliche irdische Paradies zu erleben, bevor der Besucherrummel beginnt.

Rechts: Der einst von Jacques und Louis Majorelle gestaltete Garten wurde von Yves Saint Laurent wieder in Schuss gebracht

Musée d'Art Islamique

Am Eingang zum Museum wird gesondert Eintritt kassiert. Dieses kleine, moderne Museum im Haus Majorelle wird leicht übersehen, aber seine private und sehr persönliche Sammlung islamischer Kunst sollten Sie sich nicht entgehen lassen. Die fast spirituell anmutende Sammlung von Kunst und Kunsthandwerk ergänzt die Gärten perfekt und ist ein schöner Kontrast zur Konsumwelt der Neustadt.

Früher befand sich in diesem Haus das Atelier Majorelles, ein märchenhafter Ort der Kreativität und Inspiration inmitten des ruhigen Gartens. Auch Yves Saint Laurent fühlte sich von dieser Stadt inspiriert und hat ihre Formen und Farben in seine Kollektionen aufgenommen. Die geometrischen Muster islamischer Architektur und die bunten Gelb-, Orange-, Violett- und Blau-Töne Marokkos sind sein Markenzeichen.

Das heutige Museum will die Kultur des Islam zeigen, die den großen Künstler Majorelle und auch den weltberühmten Modemacher inspiriert hat. Es gibt wohl keinen besseren Weg, die Mischung aus dem extravagantem Modebewusstsein des Franzosen und der ernsten, detaillierten Arbeit muslimischer Künstler zu veranschaulichen, als die private Kunstsammlung Saint Laurents zusammen mit exquisiten traditionellem marokkanischen Kunsthandwerk zu zeigen.

In der Ausstellung spürt man eine tief empfundene Wertschätzung der einheimischen Kultur. Die vier Räume enthalten antiken Berberschmuck, geschnitzte Türen, feine Stickereien, kostbare Textilien und mittelalterliche Handschriften neben Lithografien und Gemälden Majorelles, die Marrakech und seine Umgebung zeigen.

KLEINE PAUSE

Ein reizendes Innenhof-Café (€; ► 125) vor Ort bietet leckere Säfte, Snacks und Sandwichs an.

163 E5 **Avenue Yacoub El Mansour, Guéliz**
0524 30 18 52; www.jardinmajorelle.com
Juni–Sep. tägl. 8–18 Uhr; Okt.–Mai 8–17 Uhr
Café (€)
teuer, extra Eintritt für das Museum: mittel

JARDIN MAJORELLE UND MUSÉE D'ART ISLAMIQUE: INSIDER-INFO

Top-Tipps: Nehmen Sie sich am Eingang den Plan des Gartens mit, auf dem Sie die Lage des Cafés und des Museums sehen.

- Genießen Sie die Ruhe auf einer der schattigen Bänke im Garten.
- In der schicken Boutique finden Sie hochwertiges Kunsthandwerk. Oder Sie gehen zum Conceptstore (► 126) auf der gegenüberliegenden Straßenseite.

Außerdem Machen Sie einen kurzen Ausflug zum Jardin Ménara (► 120) auf der anderen Seite der Neustadt. Ein völlig anderer Garten mit Bäumen und Blick auf die Berge des Atlas.

2 Guéliz

Die netten kleinen Läden, Cafés und Restaurants in diesem Viertel liegen dicht beieinander und sind am besten zu Fuß zu entdecken (Spaziergänge, ➤ 136). Hier finden Sie herrliche Beispiele traditioneller *Marrakchi*-Handwerkskunst und Neuerfindungen alter Stile.

Das Wort Guéliz (Aussprache: »Gelies«) leitet sich von einem der ersten Häuser ab, das hier zu Beginn des 20. Jhs. erbaut wurde, einer Kirche (église). Früher übernachteten die meisten Touristen hier oder in Hivernage, doch mit dem Boom der *riads* in den 1990er-Jahren kamen die Logisgäste in die vorher verwahrloste Medina zurück. Guéliz hat Tag und Nacht immer noch viel zu bieten. Einheimische Jugendliche treffen sich mit ihren Rollern bei McDonalds, Damen schwirren in der Mittagspause von einer Boutique in die nächste, die französischen Restaurants sind Spitzenklasse. Es gibt hier sogar Fußgängerüberwege, doch die sind in Marrakech so ungewohnt, dass sie niemand benutzt.

Mode und hedonistisches Vergnügen

In der Neustadt verkaufen junge Modemacher coole *jellabahs* (Kaftane mit Zipfelmütze) in Tarnfarben und hochwertigen Modeschmuck. Sie finden hier schicke Taschen aus dem Leder der Gerbereien (➤ 102) und die traditionellen Laternen in zeitgenössischer Ausführung. Lesen Sie das Kapitel »Wohin zum Einkaufen?« (➤ 126), bevor Sie die Geschäfte in Guéliz abklappern.

Guéliz hat kaum Sehenswürdigkeiten, aber vielleicht sehnen Sie sich nach der verwirrenden und exotischen Medina nach hellen modischen Boutiquen und Lokalen. Besuchen Sie die Cafés und frankophilen Brasserien, die wir in »Wohin zum Essen und Trinken?« (➤ 124) zusammengestellt haben.

Oben: Schöne Armreifen und bunte Stiefel von Michèle Baconnier in Guéliz

Unten: Das Guéliz-Viertel ist voller Läden und Boutiquen in europäischem Stil

KLEINE PAUSE

Kechmara (€–€€ ➤ 125) ist ein perfekter Zwischenstopp, wenn Sie auf dem Einkaufstrip sind. Hier kriegen Sie starken Kaffee, ein leckeres Mittagessen und leichte Abendkost.

162 C4

GUÉLIZ: INSIDER-INFO

Top-Tipps: Sonntags sind die meisten Geschäfte geschlossen. Denken Sie auch daran, dass viele Läden über Mittag bis 15.30 Uhr geschlossen sind und danach bis 19 Uhr oder auch später geöffnet haben.

- Guéliz ist zwar nicht weit von der Medina entfernt, aber der Weg dorthin ist staubig und laut. Nehmen Sie lieber ein Taxi, den Bus oder eine Kutsche.

3 Jardin Ménara

Der riesige künstliche See, der vor dem Atlasgebirge wie ein Badesee für antike Gottheiten anmutet, und sein Pavillon sind das Herz des Ménara Gartens. Es ist ein schöner Ort für einen Spaziergang am Nachmittag.

Am schönsten ist die Aussicht im Winter und Frühling, wenn die schneebedeckten Gipfel zu sehen sind (zwischen Mai und September verschwinden sie meist im Dunst). Es heißt, dies sei ein romantisches Ausflugsziel der Sultane mit ihren Geliebten gewesen, heute sieht man hier viele Paare am Ufer spazieren. Von einem besonders jähzornigen Sultan wird berichtet, dass er regelmäßig Gäste in den See werfen ließ. Heute wird die Wasserwelt nur durch Insekten fangende Fische oder ins Wasser geworfenes Futter irritiert.

Königliches Refugium

Die Gärten wurden im 12. Jh. von den Almohaden als Zuflucht der Sultane vor der sengenden Sommerhitze angelegt. Während der jahrhundertelangen Herrschaft der Mereniden, die Fès zur Hauptstadt machten, wurden sie extrem vernachlässigt. Der Pavillon wurde im 19. Jh. als Ersatz für einen 300 Jahre älteren aus der Dynastie der Saaditen erbaut. In dieser von Menschen angelegten Oase, in der Ackerbau betrieben wurde, stellte der Pavillon ein königliches Schmuckstück dar.

Der Blick aus seiner oberen Etage auf das Atlasgebirge ist die Attraktion des Gartens. Abends, wenn sich die Luft abkühlt und die Besuchermassen abklingen, gibt der Sonnenuntergang dem Garten ein unvergleichlich romantisches Flair.

Die technische Seite des Sees

Als der künstliche See im 12. Jh. angelegt wurde, regierte Marrakech den größten Teil Nordafrikas. Das ausgeklügelte Leitsystem unterirdischer Wasserwege, die so genannten

JARDIN MÉNARA: INSIDER-INFO

Top-Tipps: Der Eintritt für den Pavillon ist gering und lohnt sich wegen der Aussicht auf das Atlasgebirge von der oberen Terrasse.

- Erwarten Sie keinen traditionellen europäischen Garten, genießen Sie stattdessen dieses einzigartige und romantische Ambiente.
- Die beste Zeit für den Besuch ist am späten Nachmittag.

Außerdem Besuchen Sie auch den Jardin de l'Agdal (➤ 76), der ebenfalls von den Herrschern der Almohaden im 12. Jh. angelegt wurde.

Muss nicht sein! Die Ton- und Lichtschau, die hier von Zeit zu Zeit stattfindet, hat einen schlechten Ruf.

khettaras, führte Wasser aus den 30 km entfernten Bergen herbei. Der See speist sich immer noch aus dem alten hydraulischen System, durch das die umliegenden Olivenhaine mitbewässert werden, die zwischen Oktober und Januar ihre Ernte abwerfen.

Bei der Landung

Der Flughafen Menara ist nach dem Garten benannt und liegt genau östlich davon. Wenn Sie bei Tageslicht ankommen, können Sie kurz vor der Landung das riesige rechteckige Becken überschauen. Die 1 km lange Avenue de la Ménara führt geradewegs vom Garten zur westlichen Seite der Medina.

KLEINE PAUSE

Etwas unterhalb des Sees gibt es ein angenehmes Café. Sie können auch wie die Einheimischen ein Picknick mitbringen. Sonntag nachmittags ist der Garten eine kostenlose Zuflucht aus dem Chaos der Stadt. Im Gegensatz zu den anderen Gärten Marrakechs, und auch dem Jardin Majorelle (➤ 116), den man unbedingt gesehen haben muss, ist picknicken hier erlaubt.

166 A1 · Avenue de la Ménara, Hivernage · kein Telefon · tägl. 8.30–Sonnenuntergang · Café · Garten frei, Pavillon preiswert · Show mit Klang und Licht; Termine bei der Touristeninformation (➤ 32) erfragen

Der Pavillon im Jardin Ménara vor der Kulisse des Atlasgebirges

Nach Lust und Laune!

4 Avenue Mohammed V

Diese breite Prachtstraße ist das Rückgrat von Guéliz und verbindet die Neustadt mit der Medina. Sie ist mit Geschäften, Cafés und Restaurants gesäumt, in den Seitenstraßen nördlich des Place du 16 Novembre gibt es Boutiquen und Galerien. An klaren Tagen können Sie die hoch aufragende Koutoubia Moschee der Medina und dahinter das Atlasgebirge sehen.

163 D2

5 Hivernage

Dieses exklusive Wohngebiet westlich der Medina ist für seine weitläufigen Villen und seine internationalen Fünf-Sterne-Hotels bekannt. Seit sich das moderne Leben Marrakechs mit Spitzenhotels und Freizeitangeboten hauptsächlich in La Palmeraie entfaltet, ist Hivernage etwas ins Hintertreffen geraten. Wer heute zum Essen und Ausgehen hierher kommt, landet nach dem Weg vorbei am nicht mehr genutzten Palais des Congès zum Jardin Ménara (➤ 120)

167 D3

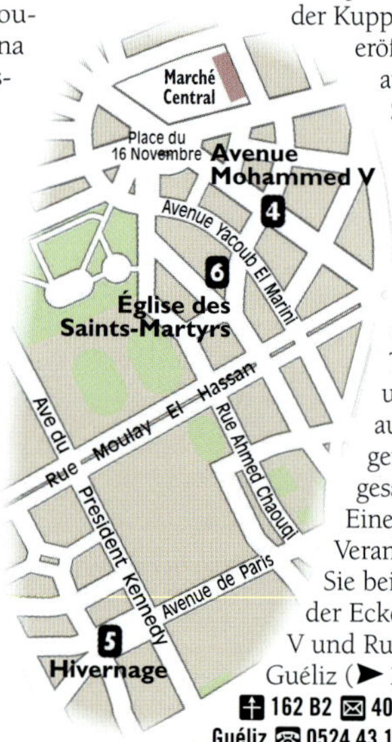

6 Église des Saints-Martyrs

Die katholische Kirche der heiligen Märtyrer liegt direkt an der Avenue Mohammed V. Sie ist eines der ältesten Gebäude der Neustadt und wird von einer kleinen Gemeinde genutzt. Der Name des ursprünglich französischen Viertels Guéliz soll angeblich auf eine Verballhornung des Wortes *église* zurückgehen. Die schlichte Kirche mit ihrem einfachen Turm verblasst im Vergleich zu den prächtigen Minaretten der Moscheen, die sich überall in dieser überwiegen muslimischen Stadt erheben.

163 D2 Rue El Imam Ali, Guéliz
0524 43 05 85 Gottesdienst: So 12 Uhr

7 Théâtre Royal

Der marokkanische Architekt Charles Boccara entwarf das königliche Theate mit seinem prächtigen Portikus und der Kuppel. In dem 2001 eröffneten Theater geben auch internationale Stars Gastspiele, mehrmals jährlich werden Konzerte der Marokkanischen Philharmonie gegeben. Im Freiluft-Amphitheater mit seinen 1200 Sitzen werden zusätzliche Theaterstücke, Opern und Tanzperformances aufgeführt. Ausstellungen finden während des gesamten Jahres statt. Einen Kalender mit allen Veranstaltungen erhalten Sie beim Tourismusbüro an der Ecke Avenue Mohammed V und Rue de Yougoslavie in Guéliz (➤ 32).

162 B2 40 avenue Mohammed VI, Guéliz 0524 43 15 16

FRANZÖSISCHES FLAIR

Die französische Kolonialzeit ist in Marrakech unübersehbar, am deutlichsten wird sie in der Neustadt. Sie erkennen sie an:

- Den breiten, prächtigen Alleen in Guéliz und Hivernage.
- Einer genussfreudigen Schickeria, die sich ständig selbst neu erfindet.
- Der kulinarischen Tradition, die sowohl in den alteingesessenen Restaurants als auch in den gestylten Brasserien gepflegt wird.

Kamelreiten in La Palmeraie

8 Cimetière Européen

Der europäische Friedhof in der Rue Erraouda ist in der konsumfreudigen Neustadt ein eher trister Ort, an dem einstige Kolonisten und ihre Nachfahren begraben sind. Das gepflegte Grundstück ist mit einer Mauer umgeben und enthält neben Mausoleen einen weißen Obelisken zum Gedenken an die Gefallenen des Zweiten Weltkriegs.

162 C5 Rue Erraouda

9 La Palmeraie

Im 12. Jh. wurde hier in der Wüste eine Dattelpalmen-Plantage angelegt, die dank des perfekten Bewässerungssystems florierte. Heute leiden die Pflanzen unter einer in ganz Nordafrika verbreiteten Krankheit und unter dem Bauboom.

Das marokkanische Beverly Hills lockt mit Nobelhotels und extravaganten Villen eine betuchte einheimische und internationale Klientel an. Wer sich nicht dazu zählt, kann natürlich trotzdem ein paar Runden auf einem der wie Pilze aus dem Boden schießenden Golfplätze absolvieren oder sich in einem der feinen Restaurants und Nachtclubs sehen lassen.

164 C5 La Palmeraie

10 Sidi Ghanem

Sidi Ghanem wirkt nicht wie eine Touristenattraktion, wird aber als Einkaufsziel immer beliebter. Es ist das Gewerbegebiet der Stadt, in dem zahlreiche aus- und inländische Designer ihre Werkstätten und Geschäfte haben. Die meisten liegen an der Hauptstraße. Eine Karte mit Hinweisen erhalten Sie in den Geschäften und im Tourismusbüro (► 32). Besonders erwähnenswert sind Fan wa Nour (► 126), ein von Belgiern geführtes Geschäft mit modernen Interpretationen des marokkanischen Handwerks, und Akkal-Amira mit farbenfrohen marokkanischen Tonwaren. Ein hervorragendes Mittagessen bietet die französische Brasserie Le Zinc (► 125) an. Es gibt keine öffentlichen Verkehrsmittel, daher sollten Sie für einen halben Tag ein Taxi mieten, das auf Sie wartet.

163 bei D5 Bei Route de Safi, Sidi Ghanem 0645 80 88 09; www.sidighanem.net Mo–Sa 9–19 Uhr, manche Läden mittags geschl.

Wohin zum ... Essen und Trinken?

Preise
Die Preise gelten pro Person für ein Essen ohne Getränke (➤ 38):
€ unter 15 Euro **€€** 15–30 Euro **€€€** über 30 Euro

L'Abyssin €€€

Das Gartenrestaurant dieses Boutique-Hotels lässt sich am besten mit den Worten Glamour und Extravaganz beschreiben: eine Cocktailbar unter freiem Himmel und Betten am Pool; die Beckhams kämen sicher hierher, wenn sie in der Stadt wären. Gruppen werden in weißen Zelten bewirtet, Paare dinieren bei Kerzenschein am Pool. Hier kommt man weniger wegen der *nouvelle cuisine* als wegen des Ambientes her.
außerhalb Karte Km 6, Palais Rhoul, Route de Fès, La Palmeraie 0524 32 85 84; www.palais-rhoul.com Mi–Mo 20–23 Uhr

Bab Hotel Restaurant €€–€€€

Eine angesagte Location im trendigen Bab Hotel (➤ 35) mit Bar auf dem Dach, einem Speiseraum im Innenbereich und Tischen am Pool. Ein elegantes französisches Bistro mit einigen asiatischen und marokkanischen Gerichten, die von Küchenchef Hadrien Villedieu zubereitet werden. Auch die Weinkarte ist ansehnlich. Eine Bar, ein Restaurant, aber vor allem auch ein Ort zum Entspannen.
162 B3 Bab Hotel, Ecke boulevard El Mansour Eddahbi und rue Mohammed El Beqal, Guéliz 0524 43 52 50; www.babhotelmarrakech.com tägl. 12–15, 19–2 Uhr

Bagatelle €€

Eine traditionelle, familiengeführte Brasserie, die einige Überraschungen bietet. Hier wird seit 1949 französische Kost serviert. Der Besitzer weigert sich, irgendein Gericht von der Originalkarte seiner Großmutter zu streichen, fügt aber immer wieder neue hinzu. Ziehen Sie sich auf die mit Wein bewachsene Terrasse zurück und schlemmen Sie Gans oder Steak. An kühleren Abend suchen Sie sich ein Plätzchen am Kamin.
162 B3 101, rue de Yougoslavie, Guéliz 0524 43 02 74 Do–Di 12–14.30, 19–24 Uhr

Bô-Zin €€€

Eine von Marrakechs besten Adressen finden Sie in diesem Bar-Restaurant, etwa 15 Minuten mit dem Taxi außerhalb an der Strasse ins Ourika-Tal. Die Küche ist thailändisch inspiriert, bietet aber auch italienische und französische Gerichte. Kommen Sie hierher, um im wunderschönen Garten zu essen und bis zum Morgengrauen durchzumachen. Ziehen Sie das beste an, was Sie dabei haben. Reservierung unbedingt erforderlich.
außerhalb Karte Douar Lahna, Km 3,5 Route de l'Ourika 0524 38 80 12; www.bo-zin.com tägl. 19–1 Uhr

Café des Négociants €

Stammgäste besuchen dieses beliebte Terrassencafé, um bei einem *nus nus* (Milchkaffee) die Menge zu beobachten. Gutes französisches Gebäck und Säfte machen es zu einer idealen Frühstücksoption.
162 B3 11, avenue Mohammed V Ecke boulevard Mohammed Zerktouni, Guéliz 0524 43 57 82 tägl. 6–23 Uhr

Café du Livre €

Hier lebende Ausländer und erschöpfte Touristen schmökern im »Café des Buchs« in Büchern und Zeitschriften oder surfen via WLAN im Internet. Auf der Speisekarte stehen leichte internationale Gerichte wie Salate, Suppen und gute Cheeseburger.
162 C3 44, rue Tarik Ibn Ziyad, Guéliz (Eintritt über das Hotel Toulousain) 0524 43 21 49; www.cafedulivre.com Mo–Sa 9.30–21 Uhr

Grand Café de la Poste €€
Das Café wurde 1925 erbaut und geschmackvoll im Stil einer Pariser Brasserie renoviert. Auf der luftigen Terrasse bekommen Sie unter weißen Sonnenschirmen Tag und Nacht Kaffee und Salate serviert oder Sie versinken bei Live-Jazzmusik mit einem Cocktail in einem roten Samtsofa und lassen sich ein goldbraun gebratenes Hähnchen oder eine zarte Entenbrust schmecken. Das Essen und der Service sind vorbildlich.
162 C3 Ecke boulevard El Mansour Eddahbi und rue El Imam Malik, Guéliz 0524 43 30 38; www.grandcafedelaposte.com tägl. 9–1 Uhr

Jardin Majorelle Café €
Mitten im Jardin Majorelle (➤ 116) finden Sie dieses hübsche Terrassen-Café voller bunter Bougainvillea. Lassen Sie sich zu geeister Milch mit Orangenblüten, traditionell gemachter Limonade und kalter Gazpacho verführen oder zu Schokoladen-Crêpes und Bananen Split.
163 E5 bei der avenue Yacoub El Mansour, Guéliz 0524 30 18 52; www.jardinmajorelle.com Juni–Sep. tägl. 8–18 Uhr; Okt.–Mai 8–17 Uhr

Kaowa €
Das Kaowa ist ein lichtdurchflutetes organisches Café mit einer herrlichen Terrasse vor dem Garten Majorelle (➤ 116). Es serviert köstliche Salate und Sandwiches, frische Säfte, Kaffee und hausgemachte Kuchen.
163 E5 34 rue Majorelle, Guéliz 0524 33 00 72 tägl. 9–18 Uhr

Kechmara €–€€
Beginnen Sie den Tag mit Orchideen-Oolongtee und köstlichen, mit Früchten gefüllten Crêpes. Mittags empfiehlt sich ein Roastbeef-Sandwich oder ein Salat mit warmen Schafskäse, abends Ente. Die internationale Speisekarte wechselt täglich. Mit seiner minimalistischen Einrichtung, angenehmer Musik und hervorragendem Essen zählt dieser Ort zu den beliebten Adressen.
162 B3 3 rue de la Liberté, Guéliz 0524 42 25 32; www.kechmara.com Mo–Sa 7.30–1 Uhr

Restaurant Al Fassia €€
Das beste marokkanische Restaurant in Marrakech serviert hervorragende hausgemachte Gerichte à la Carte in formeller Atmosphäre. Der reine Frauenbetrieb wird sehr empfohlen und Reservierungen sind unbedingt erforderlich.
162 B4 Residence Taieb, 55 boulevard Mohammed Zerktouni, Guéliz 0524 43 40 60; www.alfassia.com Di–So 12–14.30, 19.30–23 Uhr

Rôtisserie de la Paix €€
Besonders hübsch ist der nächtliche Garten: Sie können saftige gegrillte Fleischgerichte und überzeugende französische *plats du jours* erwarten, die die Gäste bereits seit 1949 zufrieden stellen.
162 B3 68, rue de Yougoslavie, Guéliz 0524 43 31 18 tägl. 12–15, 18–1 Uhr

Villa Rosa €€€
In diesem trendigen Hotspot sind die Cocktails hervorragend, das Dekor dekadent (roter Samt und Vergoldungen in Hülle und Fülle) und auf der Speisekarte steht eine ausgewählte Mischung aus französischen, italienischen und marokkanischen Gerichten. Unbedingt reservieren.
162 C2 64, avenue Hassan II, Guéliz 0524 44 96 35; www.villa-rosa.blogspot.com 20 Uhr–spätnachts

Yellow Sub €€
Angesagtes Lokal bei den *Marrakchis* mit einer leckeren Auswahl an Pasta, Steak, Carpaccio und Burgern. Später am Abend legt ein DJ auf.
162 C2 82, avenue Hassan II, Guéliz 0672 56 98 64 tägl. 19–1 Uhr

Le Zinc €€
Das Zinc wird auch sehr passend »le bistrot des copains« (Bistro für Freunde) genannt. Auf der Speisekarte steht eine Auswahl günstiger Gerichte mit einigen hervorragenden vegetarischen Angeboten. Alle Zutaten kommen frisch vom Markt. Empfehlenswert, es muss aber reserviert werden.
außerhalb der Karte 517, avenue Principale, Sidi Ghanem 0661 24 50 57; www.durandtraiteur.com Di–So 8–18 Uhr

Wohin zum … Einkaufen?

Zum Shoppen bietet die Neustadt das Beste aus zwei Welten. Hier finden Sie Exotisches modern interpretiert. Angenehm sind die Preisauszeichnungen, Klimaanlagen und das freundliche, sachkundige Verkaufspersonal. Welten liegen zwischen hier und den Souks, in denen das Feilschen manche irritiert. Natürlich können Sie auch in den Boutiquen von Guéliz handeln – alte Sitten sind hartnäckig.

Suchen Sie im **Atika** (34, Rue de la Liberté, Guéliz, Tel. 0524 436 409, Mo–Sa 9–12.30, 15–19.30 Uhr) unter den Markenschuhen à la Prada und Tod's nach einem Schnäppchen. Dieser Laden läuft so gut, dass fünf Minuten entfernt eine Filiale (212, Avenue Mohammed V, Mo–Sa 9–12.30, 15–19.30 Uhr) eröffnet wurde, die zu den Schuhen passende Kleidung verkauft.

Schön verzierte Flaschen, Kunstgegenstände aus Keramik, Teegläser und Schalen finden Sie im **L'Orientaliste** (15, Rue de la Liberté, Guéliz, Tel. 0524 43 70 74, geöffnet Mo–Sa 9–12.30, 15–19 Uhr). Das **Scènes de Lin** (70, Rue de la Liberté, Guéliz, Tel. 0524 43 61 08, Mo–Sa 9–13, 15.30–19.30 Uhr) bietet bestickte Kissen und hochwertige Textilien und Leinen in zauberhaften Farben an.

Stecken Sie Ihre Nase in ein Buch! Das **Café du Livre** (44, Rue Tarik Ibn Ziyad, Guéliz, Tel. 0524 43 21 49; www.cafedulivre.com, Mo–Sa 9.30–21 Uhr) ist einer der wenigen Orte, wo Sie englischsprachige Zeitschriften und Bücher kaufen können.

Michèle Baconnier (6, Rue des Vieux, Guéliz, Tel. 0524 44 91 78, Mo–Sa 9.30–12.30, 15.30–19.30 Uhr) mit Läden auch in St. Tropez und Paris bietet Unikate und moderne Neuauflagen marokkanischer Klassiker, Schmuck, Windlichter und Taschen inbegriffen.

Auf der gleichen Straße liegt das **Moor** (Nr. 7, Tel. 0524 45 82 74; www.akbardelights.com; Di–Sa 11–19, Mo 15–19 Uhr) mit einer Auswahl sorgfältig bestickter Kleidung im traditionellen marokkanischen Stil sowie Accessoires, Hausschuhen, Kissen und Lampen.

Lederwaren, Taschen, Schuhe und Jacken zu vernünftigen Preisen sind das A und O in der **Galerie Birkemeyer** (169–171, Rue Mohammed El Beqal, Guéliz, Tel. 0524 44 92 97; www.galerie-birkemeyer.com).

Gegenüber vom Jardin Majorelle liegt **33 Rue Majorelle** (33 Rue Majorelle, Tel. 0524 31 41 95; www.33ruemajorelle.com; tägl. 10–19 Uhr), der erste Conceptstore der Stadt. Angeboten werden das Label Yima des lokalen Designers Hassan Hajjaj (➤ 63), Taschen von Lalla (➤ 109), recycelte Vintage-Artikel des italienischen Designers Topolina und Collage-Taschen von Zina mit arabischen Stars.

Weitere außergewöhnliche Artikel finden Sie in Sidi Ghanem, insbesondere im Conceptstore **Fan wa Nour** (16 bis, Sidi Ghanem, Tel. 0524 33 69 60; www.fanwanour.com; Mo–Sa 9–19:30 Uhr). Hier gibt es auch Topolina, feine Tees, Möbel, Badprodukte und sogar einen Frisör, der extra aus Brüssel eingeflogen wird. Auch **Akkal-Amira** (219 Sidi Ghanem; Tel. 0524 3560 24; Mo–Sa, 9–19:30 Uhr) lohnt einen Besuch. Zum Angebot zählen moderne Keramikprodukte wie Tagines in vielen verschiedenen Farben, Teegläser und geschnitzte Kerzen, die auch in vielen Bars und Party-Locations von Marrakech zu finden sind, sowie Handtücher und Wäsche.

Wohin zum … Ausgehen?

Marrakechs Neustadt ist durch und durch modern und erfindet sich laufend neu. Hier ist die kosmopolitische Gesellschaft des 21. Jhs. zuhause. Ist es in der Medina fast unmöglich ein Bier zu trinken, hier in Guéliz und Umgebung ist das kein Problem. In Guéliz selbst finden Sie sich leicht zurecht, aber wenn Sie weiter wollen, brauchen Sie ein Taxi und einen Taxifahrer der Sie versteht. Viele der Clubs liegen etwa 30 Minuten Fahrtzeit von der Medina entfernt, deshalb sollten Sie für Ihren Ausflug ein paar Stunden einplanen.

BEACH CLUBS UND SPAS

La Plage Rouge

»Der rote Strand« zieht ein gemischtes Publikum an, das hier auf roten Liegen um den 70 m langen Pool Champagner schlürft. Es gibt ein Lokal und eine Bar mit Livemusik.

außerhalb Karte ✉ Km 10 Route de l'Ourika ☎ 0524 37 80 86; www.laplagerouge.net ⌚ tägl. 10–2 Uhr

Nikki Beach

Das Konzept der Anlage mit Swimmingpool, Club, Bar und Restaurant ist bereits in Miami und St. Tropez erfolgreich. Tagesgäste während der Sommersaison können sich auf balinesischen Liegen räkeln oder sich an der Cocktail-Bar im lagunenförmig angelegten Swimmingpool zeigen. Junge Marokkaner zeigen sich freizügig abseits muslimischer Werte und Konventionen und kippen hier kostspieligen Champagner.

außerhalb Karte ✉ Circuit de la Palmeraie ☎ 0524 36 87 27; www.nikkibeach.com ⌚ Mai–Okt. tägl. 9–14.30 Uhr (15.30 am Wochenende); Nov–April 11.30–19 Uhr

Oasiria Water Park

In diesem Aqua Park können Sie riesige Bahnen herunterrutschen, sich im »rio« treiben und im Wellenbad herumwirbeln lassen oder Purzelbäume schlagen. Das Schwimmbecken und zwei Kinderbecken sind ruhigere Gewässer. Außerdem gibt es einen Volleyballplatz, ein Piratenschiff und ein Restaurant.

außerhalb Karte ✉ Oasiria, Km 4 Route de Barrage ☎ 0524 38 04 38; www.oasiria.com 🚌 kostenloser Shuttleservice ⌚ tägl. 10–18 Uhr

Palais Rhoul

Das Spa des exklusiven Palais Rhoul Hotels ist nur eines von vielen modernen Spas, die zahlreiche Verwöhnprogramme anbieten. Vorabreservierungen sind erforderlich.

außerhalb Karte ✉ Route de Fès, Dar Tounsi ☎ 0524 32 94 94; www.palais-rhoul.com ⌚ tägl. 9–18 Uhr

Sublima Spa

Die in Frankreich ausgebildete Brasilianerin Rita Thomas bietet ein herrliches Spa-Erlebnis mit Massagen, Schönheitsbehandlungen und einem privaten Hamam an. Im Vergleich zu den sehr teuren Hotel-Spas ist das Angebot äußerst günstig.

162 C3–2 ✉ 84, avenue Hassan II, Résidence El Faroukia, Duplex 2, Guéliz ☎ 0524 43 14 43 ⌚ tägl. 10–20 Uhr

BARS

Le Comptoir

In der Bar im ersten Stock des Restaurants Le Comptoir legt entweder ein DJ auf oder es gibt Livemusik. Nach all den Jahren zieht sie immer noch die Schönen an. Die Cocktails und die Champagnerauswahl sind prima, wenn auch kostspielig. Reservieren Sie vorab, denn hier ist immer viel los.

163 E1 ✉ Avenue Echchouada, Hivernage ☎ 0524 43 77 02; www.comptoirdarna.com ⌚ So–Do 16–1, Fr–Sa 16–2.30 Uhr

Skybab
Die Bar auf dem Dach dieses trendigen Hotels ist der ideale Ort, um den Sonnenuntergang zu beobachten. Vor allem in lauen Sommernächten ist hier viel los.
162 B3 6. Etage, Bab Hotel, Ecke boulevard El Mansour Eddahbi und rue Mohammed El Beqal, Guéliz 0524 43 52 50; www.babhotelmarrakech.com tägl. 11 Uhr–spät

NACHTCLUBS

Azar Azar
Dieses hervorragende libanesische Restaurant bietet im Untergeschoss eine tolle kleine Diskothek mit jungem, gut situiertem Publikum. Auch Stars kommen ab und an gerne hierher.
162 B–C2 Ecke rue de Yougoslavie und avenue Hassan II, Guéliz 0524 43 09 20; www.azarmarrakech.com; Do–So 20–2 Uhr

Diamant Noir
Das Diamant ist eine langjährige Institution in Marrakech. Zwar ist es nicht ganz so elegant wie die Newcomer, aber es bietet viel Atmosphäre und Charakter. Hier ist jeden Abend etwas los. Die Preise sind günstiger als in vielen Clubs.
163 E2 Hotel Marrakech, Place de la Liberté, Guéliz 0524 43 43 51 tägl. 23–4 Uhr

Pacha
Der bekannte Nachtclub aus Ibiza hat eine Filiale in Marokko eröffnet – laut Geschäftsführung ist es der größte Nachtclub Afrikas. Nachtschwärmer kommen, um ihre Outfits zu präsentieren, in der Lounge zu chillen, in einem der Restaurants zu essen und auf die Musik international bekannter DJs zu tanzen.
außerhalb Karte Avenue Mohammed VI, Zone Hôtelière 0524 38 84 00; www.pachamarrakech.com Di–So 12–5 Uhr vor 22 Uhr frei, nach 22 Uhr teuer

Théâtro
Der Nachtclub mit der prächtigen Inneneinrichtung eines ehemaligen Theaters bietet Ladies' Nights, Gastspiele mit Ministry of Sound und Themennächte. Die Darsteller füllen die großen Emporen, der Club gilt als einer der unterhaltsamsten Marrakechs.
163 D1 Hotel Es Saadi, avenue El Kadissia, Hivernage 0524 44 88 11; www.theatromarrakech.com tägl. 22–4 Uhr mittel

SPORT UND BEWEGUNG

Dunes and Desert Exploration €€–€€€
Halbtägige Abenteuer mit Gokartfahrten, Quads, Ausflüge mit Vierradantrieb und Kamelreiten vorbei an ausgetrockneten Flussbetten, Palmen und Berberdörfern in der Umgebung von Marrakech.
außerhalb Karte Hôtel Club Palmariva, Km 6 Route de Fès 0661 24 69 48; www.dunesdesert.com

Marrakech Loisirs €–€€
Tretroller, Kamel- und Pferdereiten, Kutschfahrten im Gebiet von La Palmeraie, stundenweise oder auch länger.
außerhalb Karte 0661 45 50 34

Palmeraie Golf Palace €€–€€€
Angeboten werden ein 18-Loch-Golfplatz, stundenweise oder ganztags Reitausflüge auf dem weiten Gelände (bzw. Kutschfahrten für Nicht-Reiter), oder Tennis mit anschließendem Abkühlung in einem der fünf Pools. Sie müssen nicht Hotelgast hier sein, aber buchen Sie Ihre Aktivitäten unbedingt vorab.
außerhalb Karte Circuit de la Palmeraie, BP 1488 0524 36 87 04; www.pgp.co.ma

Royal Golf Club €€€
Dieser 27-Loch-Golfplatz wurde 1923 errichtet und ist damit einer der ältesten Golfplätze in Marokko. Die Anlage ist im klassischen englischen Stil gehalten und liegt 15 Autominuten südlich vom Stadtzentrum. Hier haben schon Könige (angeblich soll König Hassan II hier gerne gespielt haben) und Persönlichkeiten wie Sir Winston Churchill abgeschlagen.
außerhalb Karte Km 2 Ancienne Route de Ouarzazate; www.royalgolfmarrakech.com 0524 40 98 28 tägl. 19.30–4 Uhr

Spaziergänge & Touren

1 IN DAS HERZ MARRAKECHS

Spaziergang

LÄNGE: 2 km
DAUER: 2 Stunden mit Mittagessen
START/ZIEL: Jemaa El Fna ✚ 164 C1

Dieser Spaziergang führt Sie ins tiefste Marrakech, an jeder Ecke erwarten Sie neue Sinneseindrücke. Vom Jemaa El Fna (➤ 58) aus führt er um die Koutoubia Moschee (➤ 48) mit ihrem Garten und endet am Place Bab Fteuh (➤ 58), wo die Souks (➤ 52) und *fondouk* beginnen. Der Weg führt durch verkehrsberuhigte Straßen und ist leicht zu finden, sodass Sie bei der Hitze immer wieder Zwischenstopps einlegen können.

1–2

Starten Sie mit einem frischen Orangensaft an einem der Stände des Jemaa El Fna oder mit einem Kaffee im **Café de France** (➤ 60). Tagsüber wimmelt es auf dem Platz von knallbunt gekleideten Wasserverkäufern, Akrobaten, Schlangenbeschwörern und Eselkarren. Überqueren Sie den Platz in Richtung des kleineren, dreieckigen Place Foucault. Hier warten die ***calèches*** (Kutschen, ➤ 59) auf Fahrgäste.

Vorherige Seite: Typische Situation im rue Souk Semmarine
Links: Tänzer auf dem Jemaa El Fna

Mauerwerkdetail der Koutoubia Moschee

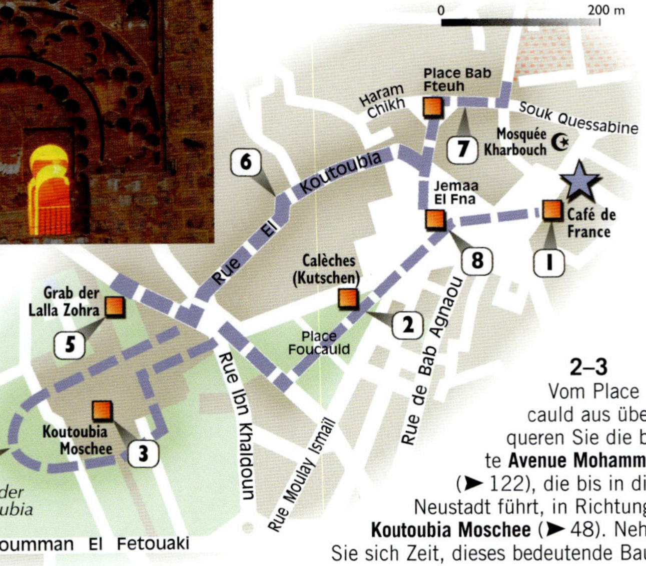

2–3

Vom Place Foucauld aus überqueren Sie die belebte **Avenue Mohammed V** (➤ 122), die bis in die Neustadt führt, in Richtung **Koutoubia Moschee** (➤ 48). Nehmen Sie sich Zeit, dieses bedeutende Baudenkmal und die angrenzenden Fundamente der früheren Moschee zu bewundern.

3–4

Gehen Sie links um die Moschee herum zum **Garten der Koutoubia** auf ihrer Rückseite. Gönnen Sie sich eine Pause in dieser Anlage mit herrlichen Rasenflächen, einem Springbrunnen (oft ohne Wasser) und dem europäisch wirkenden Orchesterpavillon linker Hand.

4–5

Folgen Sie dem Pfad an der Koutoubia vorbei zurück zur Hauptstraße, auf der es links zum **Grab der Lalla Zohra** (➤ 56) weiter geht. Überqueren Sie den Zebrastreifen und suchen Sie sich im **Café de Koutoubia** (➤ 60) einen guten Platz mit Blick auf das bunte Treiben der Straße und auf die Moschee.

5–6

Überqueren Sie die Rue Fatima Zohra beim zweiten Zebrastreifen und folgen Sie der verkehrsberuhigten **Rue El Koutoubia** (ohne Beschilderung). Gehen Sie im Hotel **Les Jardins de la Koutoubia** (➤ 35) mittagessen, trinken Sie etwas an der Snackbar Imlil am Pool, oder schauen Sie oben ins exzellente asiatische Terrassen-Restaurant, Les Jardins de Bala (➤ 61).

Traditionelle Körbe sind ein praktisches Souvenir

6–7

Wenn Sie das Hotel verlassen, gehen Sie links die Rue de la Koutoubia entlang, die nach links abknickt. Ein Stück weiter sehen Sie rechter Hand die traditionellen Korbmacher.

Gehen Sie weiter geradeaus, am Rand des Jemaa El Fna entlang bis zum **Place Bab Ftouh** (➤ 58), wo Sie angenehm klimatisierte Boutiquen (➤ 63) erwarten oder den mit Antiquitäten gefüllten, faszinierenden Fondouk Ouarzazi. Neugierige machen vielleicht einen Abstecher in die **Souks**, die unmittelbar nördlich von hier beginnen (➤ 52).

KLEINE PAUSE
Essen Sie mittags auf halber Strecke in **Les Jardins de la Koutoubia** (➤ 61) am reizenden Pool der Snack Bar Imlil (tägl. 12–16 Uhr).

DIE BESTE TAGESZEIT
Egal an welchem Tag im Sommer Sie diesen Spaziergang machen, sollten Sie entweder frühmorgens oder spätnachmittags los, um die Mittagshitze zu vermeiden.

7–8

Gehen Sie zurück auf den Jemaa El Fna. Am frühen Abend werden die Stände aufgebaut und die Künstler starten ihre Shows. Wenn Sie zu dieser Zeit hier sind, treffen Sie Märchenerzähler, Akrobaten, Wahrsager und Gnawa-Musiker. Beschließen Sie den Tag mit einem köstlichen marokkanischen Essen aus Couscous und Brochettes (Fleischspieße) oder einer Schüssel Schnecken an einem der **Imbissstände** (➤ 50).

Gegarte Schnecken auf dem Jemaa El Fna

2 EIN KÖNIGLICHER SPAZIERGANG

Spaziergang

LÄNGE: 2 km
DAUER: 4 Stunden mit Mittagessen und Besuch der Sehenswürdigkeiten
START/ZIEL: Jemaa El Fna 164 C1

Dieser historische Rundgang führt Sie gemächlich durch die südlich vom Jemaa El Fna gelegene Kasbah, vorbei an zwei herrlichen Palästen und zwei interessanten Museen. Auf dem Weg haben Sie auch Einkaufsmöglichkeiten und lernen ein zauberhaftes Lokal kennen, das zu jeder Tageszeit eine angenehme Anlaufstelle ist.

1–2

Verlassen Sie den **Jemaa El Fna** (➤ 58) entlang der verkehrsberuhigten und von Ledergeschäften gesäumten Rue Riad Zitoun El Kédim. Sollten Sie für Ihren Heimweg einen größeren Koffer für Ihre Einkäufe benötigen, finden Sie ihn hier. Folgen Sie der Straße, die am – auf der anderen Straßenseite liegenden – **Place des Ferblantiers** (➤ 83) endet. Hier erhalten Sie traditionelle Laternen in allen Formen und Farben.

Verzierte Stützpfeiler im Zentralhof der Ruinen des Palais El Badii

2–3
Gehen Sie geradeaus über den hübschen Platz und dann rechts zum wuchtigen **Palais El Badii** (➤ 73). Dieser einst glanzvolle Palast ist heute eine von brütenden Störchen bewohnte Ruine, in der die außergewöhnliche »Himmelsleiter«, das *minbar* aus der Koutoubia, aufbewahrt wird.

3–4
Gehen zurück zum **Place des Ferblantiers**, machen Sie eine Pause und schauen Sie den Blechschmieden bei ihrer Arbeit zu. Genießen Sie einen Minztee oder einen Snack in der **Kosybar** (➤ 88) oder in einem der entspannten Terrassencafés.

Detailreiche Ornamente beim großen Innenhof des Palais de la Bahia

4–5
Verlassen Sie den Place des Ferblantiers auf demselben Weg, biegen Sie an der Hauptstraße gleich rechts ab und gehen Sie auf dem unebenen Gehweg rechts weiter. Bevor der Weg scharf rechts abbiegt, können Sie in den **Mellah Markt** (➤ 79) eintreten und so abkürzen. Oder Sie folgen der Wegbiegung nach rechts und überqueren die Straße, die rechter Hand direkt zum **Palais de la Bahia** (➤ 80) führt.

5–6
Wenn Sie den Palast verlassen, halten Sie sich rechts und gehen auf der verkehrsberuhigten rue Riad Zitoun El Jedid weiter. Der Gehweg ist schmal und uneben, manchmal auch durch parkende Autos blockiert. Nach etwa 100 Metern erreichen Sie rechter Hand, kurz nach dem Hamam Les Bains Ziani (➤ 90), die erste größere Seitengasse. Sobald Sie den Torbogen durchschritten haben, sehen Sie auf der rechten Seite das Museum **Dar Tiskiwin** (➤ 84). Machen Sie eine Pause im Hof oder in dem kleinen Salon und genießen Sie die friedliche

Atmosphäre dieses historischen Gebäudes. Die Haushaltsgeräte, Satteltaschen, Kostüme und anderen Gegenstände zeigen das Leben der Stämme in Marokko und anderen Ländern rund um die Sahara. Sie stammen alle aus der persönlichen Sammlung eines Privatmanns.

Reisegruppe im zentralen Innenhof des Maison Tiskiwin

6–7

Sobald Sie das Dar Tiskiwin verlassen, wenden Sie sich nach rechts und sofort nach links in Richtung **Dar Si Saïd** (➤ 85), leicht an dem großen Schild auf den riesigen Mauern zu erkennen. Verlassen Sie das Museum nach rechts und gehen sofort wieder rechts bis zum Schild unter dem Tor das zum Jemaa El Fna weist. Nach wenigen Metern erreichen Sie die Rue Riad Zitoun El Jedid mit ihren zahlreichen Geschäften und Einkaufsmöglichkeiten, und folgen ihr rechts zurück zum Jemaa El Fna.

KLEINE PAUSE

Kosybar (€€; ➤ 86) hält was der Name verspricht. Die verschiedenen Etagen sind edel eingerichtet und auf der Dachterrasse gibt es bequeme Sitzgelegenheiten. Sie haben die Wahl zwischen Lasagne, Curry, Pasta oder Sushi. Sie können aber auch einfach einen Cocktail oder ein Glas Wein oder Bier mit Blick auf den Place des Ferblantiers genießen.

DIE BESTE TAGESZEIT

Frühmorgens oder am späteren Nachmittag vermeiden Sie die größte Hitze und den Hauptandrang der Touristen. Die historischen Stätten sind außerdem über Mittag geschlossen. (Palais El Badii 11.45 bis 14.30; Palais de la Bahia 11.45–14.45; Dar Tiskiwin 12.30–15 und Dar Si Saïd 12.15–15 Uhr.)

3 EIN BUMMEL DURCH GUÉLIZ

Spaziergang

Fontänen und Einkaufszentrum am Place du 16 Novembre

Der einfache Rundgang führt Sie durch ein Shopping-Paradies vorbei an zahlreichen Cafés und ausgezeichneten Restaurants. Jeden Monat eröffnet eine andere internationale Modekette eine Filiale und die Restaurants könnten sich auch in SoHo, New York, sehen lassen. Aber Vorsicht: die Bürgersteige sind holprig und die neuen Fußgängerübergange werden vom Verkehr weitgehend ignoriert.

LÄNGE: 1,5 km
DAUER: 2 Stunden
START/ZIEL: Place du 16 Novembre 163 D3

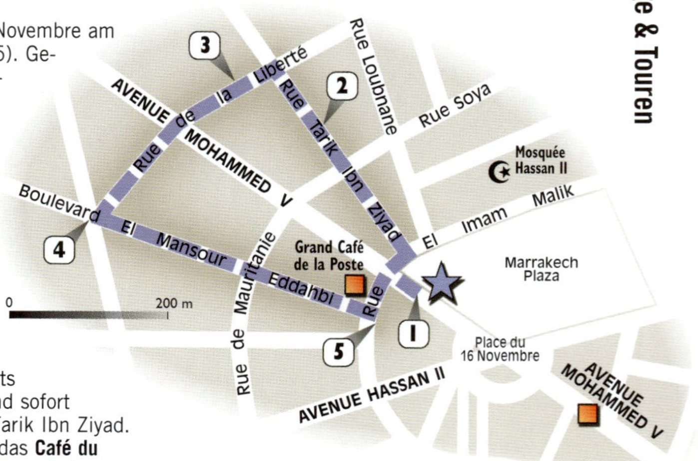

1–2

Starten Sie am Place du 16 Novembre am **Grand Café de la Poste** (➤ 125). Genießen Sie zuerst auf der einladenden Straßenterrasse des Cafés und Postamts aus den 1920er-Jahren, einen stärkenden Kaffee oder kleinen Snack und beobachten die Passanten.

Folgen Sie der Avenue Mohammed V vorbei an der internationalen Modekette Zara und der Baustelle der neuen Multi-Millionen-Dollar Mall auf der rechten Straßenseite. Biegen Sie rechts ab in die Rue Imam Malek und sofort wieder nach links in die rue Tarik Ibn Ziyad.

Auf der rechten Seite liegt das **Café du Livre** (➤ 124), das sich zunehmend als gesellschaftlicher Treffpunkt etabliert. Sein

Filiale der Modekette Zara auf der Avenue Mohammed V

Eingang befindet sich im Hôtel Toulousain auf der ersten Etage. Hier können Sie bei frischem Fruchtsaft und knackigen Salatvariationen in englischsprachiger Reiseliteratur und internationalen Zeitschriften schmökern.

2–3

Gehen Sie, wenn Sie aus dem Café kommen, rechts Richtung **rue de la Liberté**, dann links und gleich wieder rechts in die **rue des Vieux Marrakchis**. Dort finden Sie die Geschäfte **Michèle Baconnier** und **Moor** (➤ 126) sowie die hervorragende **Galerie David Bloch** (➤ 27), die Werke moderner marokkanischer Künstler zeigt. Auf dieser Straße können Sie nach Herzenslust Windowshoppen oder die vielen Boutiquen bis jenseits der kreuzenden Avenue Mohammed V durchstreifen. Die meisten Läden führen Mode oder Wohndekor, die im Trend und zugleich typisch marokkanisch sind. Viele Geschäfte sind klimatisiert, das junge Personal ist hilfsbereit und polyglott – und die Preise sind fix.

3–4

Am Ende der Rue de la Liberté, gegenüber vom Côté Sud, liegt ein köstlichstes Lokal. Das **Kechmara** (➤ 125) mit seiner minimalistischen Einrichtung und der angenehmen Musik lädt zu jeder Tageszeit zu einem perfekten Zwischenstopp ein.

4–5

Von hier aus biegen Sie links in den mit Bäumen gesäumten Boulevard **El Mansour Eddahabi** mit seinen verführerischen Kunstgalerien und Straßencafés. Kehren Sie zurück zum Place du 16 Novembre. Wenn Sie hungrig sind, bietet sich das Grand Café de la Poste zum Abendessen an, oder Sie gehen ins **Yellow Sub** (➤ 125), einem weiteren trendigen Restaurant gleich um die Ecke.

KLEINE PAUSE

Neben einer Pause in den zahlreichen reizenden Cafés der Neustadt, sollten Sie sich ein Mittag- oder Abendessen im Kechmara nicht entgehen lassen (➤ 125). Der strahlende Stern der hiesigen modernen Gastronomie ist zu jeder Tageszeit ein Erlebnis.

DIE BESTE TAGESZEIT

Die meisten Boutiquen sind über Mittag von etwa 13 bis 15.30 Uhr und sonntags geschlossen. Da die meisten Geschäfte bis 19.30 Uhr geöffnet sind, können Sie das Shoppen mit einem Abendspaziergang verbinden.

TOUR-VERANSTALTER

Während Ihres Marrakech-Urlaubs kann es sinnvoll sein, sich einer Reisegruppe anzuschließen, besonders, wenn Sie die Stadt verlassen.

Durch zahlreiche Razzien sorgt die Regierung mittlerweile für die Eindämmung der illegalen Kundenwerbung auf der Straße. Der Preis für die höhere Sicherheit der Touristen ist natürlich mit mehr Kontrolle verbunden, dennoch sollten Sie sich von der offiziellen Legitimation eines Fremdenführers immer selbst überzeugen.

Wenn Sie eine Führung durch die Souks oder zu den historischen Denkmälern buchen möchten, wenden Sie sich am besten an Ihr *riad* oder Hotel. Die Rezeption kann Ihnen erprobte und erfahrene Personen vermitteln und Ihnen auch bei möglichen Konflikten helfen.

Bei Ausflügen, für die Sie einen Fahrer benötigen, sollten Sie sich jemanden suchen, der zumindest über Grundkenntnisse in einer Fremdsprache verfügt, die Sie auch sprechen. Prüfen Sie die Sicherheitsausstattung des Autos – viele Fahrzeuge in Marrakech haben nicht einmal Sicherheitsgurte. Legitimierte Fremdenführer vermittelt Ihnen die Touristeninformation. Besonders bei mehrtägigen Ausflügen sollten Sie prüfen, ob die Chemie stimmt, bevor Sie sich einem einheimischen Führer oder Fahrer anvertrauen. Auch viele große deutsche Reiseveranstalter bieten Touren und Ausflüge an. Erkundigen Sie sich danach bei der Buchung oder bei der Reiseleitung vor Ort.

Authentic Morocco

Bietet private Geländewagen-Ausflüge ins ursprüngliche Marokko an. Der Veranstalter arbeitet mit einem nachhaltigen Tourismuskonzept und organisiert maßgeschneiderte freundliche Touren mit einheimischen Fahrern. Die Gründer der Wohltätigkeitsorganisation Children of the Sahara Foundation haben sich zum Ziel gesetzt, das Leben der Nomadenkinder in der Sahara zu verbessern.

✉ P.O. Box 491, 45000 Ouarzazate
☎ www.authentic-morocco.com

Mad About Morocco

Sie bereisen das Land auf einer vorher vereinbarten Route und fernab der üblichen Touristenpfade. Der Veranstalter ist spezialisiert auf die Sahara und das Atlasgebirge, wo Sie Einheimische treffen können.

✉ Chateau d'Eyzac, Marrakech 19330
☎ 00 212 676 46 85 53; www.madaboutmorocco.com

Marrakech Transport and Travel

Einheimische chauffieren Sie in klimatisierten Luxuslimousinen in und um Marrakech oder auch bis zur Küste.

✉ 12 Résidence Bakouri, rue Khalid Ben Oualid, Guéliz
☎ 00 212 661 40 85 26; www.marrakech-transport-travel.com

Morocco Luxury Tours

Das Unternehmen hat sich verantwortungsvollen Tourismusrichtlinien verschrieben und organisiert alle Arten von Touren. Ob Golfurlaub, Trekking in den Bergen, Fotosafaris, Wüstentouren, Ausflüge zum jüdischen Erbe des Landes oder individuelle Touren – alles ist möglich.

✉ 245 A Sidi Abbad 1, Marrakech
☎ 00 212 524 48 20 94; www.morocco-luxury-tours.com

Tour Serail

Tour Serail wird von der erfahrenen Reisebuchautorin Muriel Brunswig-Ibrahim geleitet und bietet Individual- sowie Gruppenreisen an. Dabei wird großer Wert auf ein facettenreiches Erleben des Landes gelegt, d.h. Begegnungen mit Kultur, Natur und Menschen.

✉ Turmseestr. 6, 79102 Freiburg
☎ 0761 [illegible]

Ausflüge

Ausflüge

Wenn Sie die Medina stresst, ist es gut, Ausweichmöglichkeiten zu kennen. In weniger als einer Stunde Autofahrt nach Süden oder Osten erreichen Sie die Ausläufer des Atlasgebirges, Landschaften mit hohen Berggipfeln, fruchtbaren Tälern und traditionellen Berberdörfern. Drei Stunden Autofahrt westlich von Marrakech liegt die entzückende Küstenstadt Essaouira – mit einem entspannten, reizvollen Strandleben.

Wenn Sie wenig Zeit haben, machen Sie einen Kurztrip in die Ausläufer des Atlas und fahren ins Ourika Tal (➤ 142), zum Abendessen sind Sie zurück in Marrakech. In ein bis zwei Tagesreisen erreichen Sie zwei der berühmten Pässe im Atlas. Der Tizi-n-Tichka (➤ 147) führt an beeindruckenden Kasbahs (Festungen aus Lehmziegeln) vorbei nach Ouarzazate, dem Tor zur Sahara. Die Straße zum Tizi-n-Test (➤ 144) erfordert starke Nerven, aber die friedliche und schöne Landschaft ringsum macht die Mühe allemal wett und zieht auch Wanderer auf den Jebel Toubkal (➤ 146) an.

Wenn Sie können, sollten Sie länger in den Bergen bleiben oder eine Pause im luftigen Strandort Essaouira einlegen (➤ 150). Alle genannten Ausflüge können Sie zwar von Ihrer Unterkunft in Marrakech aus buchen, aber es ist unkompliziert und macht außerdem viel mehr Spaß, selbst ein Großtaxi (➤ 34) zu mieten. Unabhängig davon ist es meist preisgünstiger, ohne Vermittler zu reservieren.

Essaouiras Festung am Meer, Skala de la Ville

Vorherige Seite: Mann in traditioneller Jellabah

Ourika Tal

Der Ourika Fluss bewässert dieses fruchtbare Tal in den nördlichen Ausläufern des Atlasgebirges. Ein wunderbarer Tagesausflug – Sie können zu einsamen Wasserfällen wandern, sich am Fluss ausruhen und sind pünktlich zum Abendessen wieder in Marrakech.

Das Tal von Ourika ist etwa 50 km von Marrakech entfernt. Die Anfahrt ist leicht und lohnt sich, wenn Sie einen Eindruck vom Atlasgebirge bekommen möchten. Die Straße führt von der Stadt aus südwärts in die Berge. Die Berber bewirtschaften das Land hier seit Jahrhunderten. Sie leben in kleinen Ansammlungen einfacher Lehmziegelhäuser an den Hängen und in den Tälern.

Das Dorf **Tnine Ourika** liegt 35 km von Marrakech entfernt. Hier findet am Montagmorgen ein Markt statt und zwei wundervolle Gärten sind für Besucher geöffnet. **Nectarôme** (Tel. 0524 48 24 47; www.nectarome.com) ist ein organischer Garten mit 50 unterschiedlichen Pflanzenarten, aus denen Hamam- und Badprodukte sowie aromatische Öle hergestellt werden. Es werden geführte Touren angeboten. **La Saffranière de l'Ourika** (Tel. 0661 15 34 15; www.safran-ourika.com) ist der ideale Ort, um Safran zu kaufen. Safran hat nur eine kurze Blütephase zwischen der dritten Woche im Oktober und Ende November. Ein wunderbarer Anblick.

Ein weiterer Ort an der Strecke, bei dem sich ein Zwischenstopp lohnt, ist das Dorf **Aghbalou** (46 km entfernt von Marrakech). Seine außergewöhnliche Moschee aus gemauerten Ziegeln erinnert ein wenig an eine englische Kirche.

Wasserfälle von Setti Fatma

Am Ende der asphaltierten Straße von Marrakech liegt das wachsende Dorf **Setti Fatma**. Hier gibt es Cafés und auch Unterkünfte. Das Dorf selbst ist nicht besonders attraktiv, aber in den Hügeln oberhalb von Setti Fatma, am anderen Ufer des Flusses, liegen sieben Wasserfälle und kühle Becken, bei denen Sie zum Schwimmen oder für ein Picknick halten können.

Viele Einheimische werden Ihnen anbieten, Sie zu den Wasserfällen zu begleiten, aber Sie können den rauen Pfad auch alleine erklimmen. Achten Sie nur auf festes Schuhwerk.

Anreise

Die öffentlichen Sammeltaxen nach Setti Fatma fahren den ganzen Morgen über von Marrakech ab und kommen am späten Abend zurück. Für Besuche in anderen Dörfern des Tals benötigen Sie ein privates Taxi oder müssen für den ganzen Tag ein Auto mieten.

KLEINE PAUSE

Im **Le Jardin de Timalizène** (Timalizène, Tel. 0524 48 40 59; www.timalizene.net) können Sie in einem anderen herrlichen Garten zu Mittag essen.

✉ Setti Fatma, Km 60 Route S513, Ourika Valley 🚍 Städtische Großtaxis (▶ 34) fahren vormittags von Marrakech ab und kommen spätabends zurück.

Oben rechts: Der Gebirgsfluss Ourika bei Setti Fatma entspringt dem Atlas

OURIKA TAL: INSIDER-INFO

Top-Tipps: Nehmen Sie Trinkwasser, Sonnenschutz und eine Kopfbedeckung mit.

- Ein Bergführer, der sie zu den Wasserfällen bringt, verlangt ungefähr 15–20 Euro.

Geheimtipp: Wenn Sie auf dem Fluss Ourika etwas Spaß haben möchten, können Sie bei Splash Morocco eine Wildwasserfahrt buchen (Tel. 0659 34 67 03; www.moroccoadventuretours.com). Der Fluss kann im Winter und Frühjahr sehr wild sein und Sturzfluten sind nicht selten.

- Im Skiort Oukaïmeden (2650m; 25 km südwestlich von Setti Fatma) können Sie die gesamte Skiausrüstung mieten, die Preise sind wesentlich günstiger als in Europa. Im Januar und Februar ist die Schneedecke wintersporttauglich. Im Sommer können Sie von Oukaïmeden aus zum Gipfel des Jebel Toubkal (4167m) wandern.

Tizi-n-Test

Das Atlasgebirge ist mehr als die attraktive Kulisse Marrakechs. Fahren Sie von der Stadt nach Süden und erleben Sie aufregend steile Bergpässe, unvergessliche Aussichten, bäuerliche Arbeiten und Gastfreundschaft auf dem Land.

Etwas 50 km südlich von Marrakech steigt die Straße nach Tizi-n-Test langsam an. Sie ist kurvig und eng und eröffnet fantastische und schwindelerregende Aussichten ins Atlasgebirge. Das kleine, unscheinbare Dorf Ouirgane eignet sich für eine Übernachtung. Es liegt inmitten von Obstgärten, die zu einem abendlichen Spaziergang einladen. Tagsüber werden Trekkingtouren mit Maultieren angeboten. Übernachten können Sie entweder in der Domaine de la Rosaraie (Domaine de la Rosaraie €–€€, Km 60 Route de Taroudannt, Ouirgane, Tel. 0524 48 56 94; www.laroseraiehotel.com), einem Spa-Hotel am Ortsrand, oder im einfacheren Dar Tassa (Dar Tassa €€, BP176, Ouirgane, Tel. 0667 85 27 68; www.dartassa.com) in den nahe gelegenen Berghängen. Beide Hotels organisieren Touren zum Tin Mal Pass und Ausflüge in die Natur.

Berg-Moschee

Das Städchen Tin Mal stammt aus dem 12. Jh. und war das kulturelle Zentrum der Almohaden und ihres religiösen Führers, Ibn Tourmert. Die Tin Mal Moschee aus dem Jahre 1153 wurde kurze Zeit später zu einer imposanten Festung umgebaut, die noch heute

den Pass beherrscht. Obwohl schon lange ohne Dach, ist die Moschee in erstaunlich gutem Zustand. Sie ist eine der beiden Moscheen Marokkos, die auch von Nicht-Muslimen betreten werden darf. Vom ihrem Minarett hat man eine fantastische Aussicht.

Anreise

Folgen Sie der R203 (Route de Taroudant) in Richtung Süden. Bei Asni (50 km) biegt sie nach Südwesten ab und beginnt ihren schwindelerregenden Anstieg ins Gebirge. Bis Ouirgane brauchen Sie etwa zwei Stunden (60 km). Tin Mal erreichen Sie nach weiteren 45 Minuten Fahrt (35 km). Der Preis hängt vom Fahrer, Wagenzustand und Ihrem Verhandlungsgeschick ab. Fragen Sie in ihrem Hotel nach den üblichen Preisen.

Oben: Die Straßen auf dem Weg zum Pass verschmelzen mit der Landschaft

Oben rechts: Typisches Berberdorf an einem Berghang

KLEINE PAUSE

Bei der Olivenmühle am Flussufer in Tin Mal lädt ein netter Platz zum Picknicken ein.

Ouirgane
✉ Km 60 R203 Route de Taroudannt

Tin Mal
✉ Km 95 R203 Route de Taroudannt

TIZI-N-TEST: INSIDER-INFO

Top-Tipps: Die Bergpisten sind selbst für sehr erfahrene Fahrer eine Herausforderung. Es ist besser, sich einer organisierten Tour anzuschließen, ein Großtaxi (► 34) vom Taxistand in Marrakech zu nehmen oder vom Hotel aus ein Taxi zu mieten.
- Sie sollten mindestens einmal in den Bergen übernachten, sonst fühlen Sie sich ständig unter Zeitdruck.

Wussten Sie das? Für Nicht-Muslime bietet sich in Tin Mal die seltene Chance, eine Moschee von innen zu sehen. Allerdings ist sie während des Gebets freitagmittags geschlossen.

Jebel Toubkal

Ob Sie den Jebel Toubkal besteigen oder einfach nur eine Tageswanderung im Nationalpark Toubkal unternehmen möchten – das Dorf Imlil 65 km entfernt von Marrakech am Pass Tizi-n-Test ist der ideale Ausgangspunkt.

Das **Kasbah du Toubkal** (www.kasbhdutoubkal.com; ➤ 36) ist perfekt für ein Mittagessen vor oder nach einer Wanderung und auf der Website werden verschiedene Routen vorgestellt. Eine Option, die auch bei lokalen Pilgern beliebt ist, ist der Weg zum Sidi Chamarouch, dem Grab eines heiligen Mannes, von dem man glaubt, dass er Geisteskrankheiten heilen konnte (vier Stunden).

Besteigung des Toubkal

Der Aufstieg zum Jebel Toubkal (4167m), dem höchsten Gipfel Nordafrikas, ist eine einmalige Gelegenheit. Von Juni bis September, wenn kein Schnee liegt, müssen Sie kein erfahrener Bergsteiger sein – Sie sollten aber über ausreichend Kondition verfügen. Planen Sie eine Übernachtung in einer der Hütten an der Schneegrenze (3200 m) ein, bevor Sie am nächsten Tag den Gipfel besteigen. Weihen Sie Andere in Ihre Routenpläne ein und rechnen Sie damit, dass Sie besseres Wetter abwarten müssen.

Die Wanderwege beginnen in Imlil, 65 km südlich von Marrakech CAF Schutzhütte an der Schneegrenze: Ein Bett mit Abendessen kostet ca. 8 Euro pro Nacht Bergführer mit guten Fremdsprachenkenntnissen vermittelt das Bureau des Guides de Montagne im Zentrum von Imlil 0524 48 56 26; www.guides.fr.fm oder fragen Sie in der Kasbah du Toubkal (➤ 36 und oben) Rechnen Sie mit 40–50 Euro pro Tag für den Führer

Blick auf den Jebel Toubkal

Tizi-n-Tichka

Die Fahrt zum Tizi-n-Tichka Pass ist zwar weniger abenteuerlich als zum Tizi-n-Test (► 144), aber die Ausblicke von unterwegs und die Bergfestungen sowie ein Außenposten in der Wüste, in dem Sie übernachten können, sind mindestens genauso faszinierend.

Die Kasbah Aït Benhaddou war Drehort mehrerer Kinofilme und ist das Highlight jeder Fahrt zum Tizi-n-Tichka Pass

Nehmen Sie ein Großtaxi (► 34) für die Fahrt und starten Sie am besten dienstags oder samstags, wenn in Aït Ourir der große Berbermarkt abgehalten wird. Der Ort liegt etwa zwei Stunden (40 km) von Marrakech entfernt. Etwa 70 km hinter Aït Ourir erreichen Sie die Abzweigung zur Kasbah Telouet, einst die Bergfestung der berüchtigten Berberführer der Gebrüder Glaoui. Die labyrinthische Architektur aus rotem Lehm wirkt wie aus dem Mittelalter, obwohl sich die Glaoui erst gegen Ende des 19. Jhs. hier niederließen.

Die *kasbah*

Die *kasbah* von Aït Benhaddou (190 km von Marrakech entfernt) wurde als Drehort des Films *Lawrence von Arabien* (1962) berühmt. Die beeindruckende, verwinkelte alte Wüstensiedlung wurde von der Unesco zum Weltkulturerbe erklärt. Wenn Sie mit einem Großtaxi anreisen, müssen Sie die letzten 10 km zu Fuß gehen. Alternativ können Sie im 30 km weiter an der Hauptstraße gelegenen Ouarzazate eine Fahrt mit den Geländewagen von Berber Tours (Tel. 0661 43 96 90; www.berbertours.net) buchen oder in das »neue« Dorf am Westufer des Flusses fahren und durch das meist ausgetrocknet Flussbett zur Festung gehen. Im Winter kann es sein, dass Sie durchs Wasser waten müssen.

Berberwurzeln

Aït Benhaddou war nie eine königliche Residenz wie Telouet, sondern eine florierende Niederlassung einfacher Berberfamilien. Die historischen Ursprünge sind, wie so oft in der Geschichte der Berber (➤ 16) nicht überliefert, aber die Unesco ist überzeugt, dass die Einwohner ihre nomadische Lebensweise innerhalb der Festung beibehielten, den klimatischen Extremen der Wüste anpassten und zwischen ihren verschiedenen Wohnungen hin- und herpendelten.

Es wird vermutet, dass hier ab dem 2. Jh. nach Chr. Menschen siedelten. Heute leben nur noch wenige Familien in der bröckelnden Altstadt, die meisten bevorzugen die moderne Infrastruktur auf der anderen Seite des Ounila Flusses.

Im Kino

Ouarzazate, von den Franzosen als Stützpunkt gegründet, wurde bekannt durch die Produktionen der Atlas Film Studios, u.a. wurden hier *Gladiator* (2000) und *Krieg der Sterne* (1977) gedreht. Die 80 000 Einwohner führen meist ein ruhiges Leben, wenn nicht gerade Filmproduktionen vor Ort sind. Touristen auf ihrem Weg in die Wüste halten hier nur auf der Durchreise.

m Gegensatz u den Palästen Marrakechs war Aït Benhaddou einst ein befestigtes Berberdorf

Anreise

Wenn Sie den ganzen Pass überqueren, legen Sie ab Marrakech auf der Fernstraße N9 über 200 km zurück. Fahren Sie während des Tages bis nach Ouarzazate und übernachten Sie dort im Le Berbère Palace (Quartier Mansour Eddahbi, Ouarzazate, Tel. 0524 88 31 05; www.ouarzazate.com). Es ist zwar recht teuer, aber der Fünf-Sternen-Luxus und die schön eingerichteten Zimmer sind allemal ihr Geld wert. Der einladende Pool ist eine willkommene Erfrischung nach der Hitze der Reise, es werden aber auch lohnende Ausflüge, u. a. eine Geländewagenfahrt in die Wüste angeboten. Oder Sie spielen Tennis auf einem der drei Plätze.

Biegen Sie zur Kasbah Telouet auf der N9 (Km 109) beim Schild »Ouarzazate 83 km« links ab und folgen der Straße weitere 25 km.

KLEINE PAUSE

Essen Sie einen Snack oder eine ganze Mahlzeit im Restaurant des Hôtel La Kasbah (Complexe Touristique, Aït Benhaddou, Ouarzazate, Tel. 0524 89 03 02).

Kasbah Telouet und Aït Benhaddou
Die Festungen sind tägl. von Sonnenauf- bis -untergang geöffnet

Atlas Film Studios
Ouarzazate 0524 85 43 23

Essaouira

Der hübsche Hafenort liegt nur drei Autostunden westlich von Marrakech. Seine Strände ziehen Windsurfer, Künstler, Hippies und junge Aktivurlauber an, die hier dem Staub der Wüstenstadt entfliehen. Der Atlantik sorgt für milde Winter und angenehm kühle Sommer.

Nur zwei Tage in Essaouira perfektionieren jede Marrakechreise: frisch gefangener Fisch, ein reiches musikalisches Erbe, das sich in einigen der Restaurants und Cafés widerspiegelt, und eine entspannte Einstellung zum islamischen Lebensstil erwartet Sie hier. Die historische Altstadt mit ihren weißen Häusern und den blauen Fensterläden ist von Festungsmauern umgeben, die Straßen sind schachbrettartig angelegt. Beim Spaziergang über das Kopfsteinpflaster entdecken Sie verborgene Cafés, Restaurants, Galerien und Handwerksläden. Wer einkaufen möchte, findet Werkstätten in der westlichen Mauer Skala de la Ville. Hier sind einige der besten Handwerker des Landes zu Hause. Sie stellen attraktive Holzkästchen, Schalen und Spielsachen her. Auch große Möbelstücke werden aus dem stark genarbten Thujaholz hergestellt, das in diesem Teil Marokkos wächst.

Skala de la Ville in der westlichen Festungsmauer Essaouiras

Am Strand

Am Südrand der Stadt liegt der sowohl von Einheimischen als auch von Touristen frequentierte weite Sandstrand. Essaouira gilt als »windige Stadt Afrikas«. Und das aus gutem Grund: Am Strand ist es zum Sonnenbaden oft zu windig. So ist Essaouira zwar kein Strandresort im eigentlichen Sinne, hat aber dennoch viel zu bieten: Quad-Touren, Reiten oder Windsurfen. Zum Schwimmen ist der ruhigere und windgeschütztere nördliche Strand, Plage de Safi, besser geeignet, an dem auch die Einheimischen baden.

Fest der Sinne

Am größten Platz, dem **Place Moulay Hassan**, laden die Straßencafés dazu ein, den ganzen Tag zu verplaudern und das bunte Treiben bei einem *café au lait* zu beobachten. Im Juni ist er der Mittelpunkt des großen und unterhaltsamen Gnaoua World Music Festival (www.festival-gnaoua.net). Die Gnawa (oder Gnaoua) sind Abkömmlinge der schwarzafrikanischen Sklaven, die über Westafrika nach Marokko gebracht wurden. Sie sind mystische Heiler, die ihre Patienten mit Trance-Musik (➤ 27) behandeln und gelten als Experten für psychische Störungen und Skorpionbisse. Mehr über die Gnawa erfahren Sie im **Sidi Mohammed ben Abdallah Museum** (Rue Laaalouj, Tel. 0524 47 53 00, Mi–Mo, 8.30–18 Uhr), das auch eine große Sammlung typischer Handwerkskunst, Textilien und Musikinstrumenten der Region ausstellt.

Der Place Orson Welles ist ein grüner Park neben dem Place Moulay Hassan. Seinen Namen erhielt er zu Ehren des Regisseurs, der 1952 in Essaouira *Othello* drehte (► 9).

Hinter dem Platz liegt die weiß getünchte Medina aus dem 18. Jh., die heute zum Weltkulturerbe der Unesco zählt und eine Vielzahl von Einkaufsmöglichkeiten bietet. Die **Skala de la Ville** ist eine beeindruckende Seefahrerbastion mit einer Sammlung von Metallkanonen. Vom leicht zu erklimmenden Dach haben Sie einen herrlichen Blick auf den Sonnenuntergang. Unterhalb der Stadtmauern können Sie Schreinern beim Schnitzen von Schachfiguren, Tabletts mit herrlichen Intarsien, Backgammon-Spielen und anderen Gegenständen zuschauen.

Die **Skala du Port** ist das Tor zum Fischerhafen und lohnt ebenfalls einen Besuch. Von hier blicken Sie zur Insel Mogador. Am Morgen können Sie die Ankunft der farbenfrohen Fischerboote beobachten. An den nahe gelegenen Imbissen erhalten Sie dann frisch gefangenen Fisch nach Wunsch zubereitet.

Oben: Fischerboote in Skala du Port

Links: Eine der vielen Kunstgalerien in Essaouira

Seite 153: Mopedfahrer im La Palmeraie Viertel in Marrakech

Anreise

Die Fernstraße N8 wurde kürzlich ausgebaut, sodass die 180 km schnell geschafft sind. Fahren Sie frühmorgens los, damit Sie rechtzeitig zum Mittagessen ankommen. Nehmen Sie ein Taxi für die etwa dreistündige Fahrt.

KLEINE PAUSE

Gehen Sie zum Hafeneingang, wo in einer Reihe von Imbissen frisch gefangener Fisch und Schalentiere vor Ihren Augen zubereitet und mit Brot, Salat und Wasser oder alkoholfreien Getränken an Tischen im Freien serviert werden.

✉ Km 100 route 207, verlassen Sie die N8 aus Marrakech nach 80 km

Praktisches

REISEVORBEREITUNG

WICHTIGE PAPIERE

● Erforderlich
○ Empfohlen
▲ Nicht erforderlich

	Deutschland	Österreich	Schw[...]
Pass (mindestens 6 Monate gültig)	●	●	[illegible]
Visum	▲	▲	[illegible]
Weiter- oder Rückflugticket	▲	▲	▲
Impfungen (Tetanus und Polio)	▲	▲	▲
Krankenversicherung (► 158, Gesundheit)	▲	▲	▲
Reiseversicherung	○	○	○
Führerschein (national)	●	●	●
Kfz-Haftpflichtversicherung (bei Mietwagen eingeschlossen)	●	●	●
Fahrzeugschein	●	●	●

Die oben genannten Anforderungen gelten für Aufenthalte von maximal drei Monaten. Achten Sie darauf, dass Ihr Pass bei Ankunft abgestempelt wird. Andernfalls kann es beim Abflug an der Passkontrolle Probleme geben.

REISEZEIT

Hauptsaison / Nebensaison

JAN	FEB	MÄRZ	APRIL	MAi	JUNI	JULI	AUG	SEPT	OKT	NOV	DEZ
Nebensaison	Nebensaison	Hauptsaison	Hauptsaison	Hauptsaison	Nebensaison	Nebensaison	Nebensaison	Hauptsaison	Hauptsaison	Nebensaison	Nebensaison
18°C	20°C	23°C	26°C	29°C	33°C	38°C	38°C	33°C	28°C	23°C	19°C
Wechselhaft	Wechselhaft	Sonnig	Sonnig	Sonnig	Sonnig	Sonnig	Sonnig	Sonnig	Wechselhaft	Wechselhaft	Wechselhaft

Sonnig · Bedeckt · Regnerisch · Wechselhaft

Marrakech ist mit Ausnahme der unerträglich heißen Monate Juli und August ganzjährig ein Reiseziel. Den Meisten ist der Winter mit ein paar heißen Tagen warm genug. In den Bergen und im windigen Essaouira ist es ein paar Grad kälter.

Es gibt wenig Niederschlag in Marrakech, aber nach einem winterlichen Wolkenbruch werden die Straßen schnell matschig. Erkundigen Sie sich vor einem Ausflug in die Berge nach eventuellen Behinderungen durch Schnee. An Weihnachten, Neujahr und Ostern ist viel los und alles etwas teurer.

INFORMATION VORAB

Websites
www.visitmorocco.org, die Seite des staatlich marokkanischen Fremdenverkehrsamts, www.ilove-marrakesh.com, eine kommerzielle Seite mit hervorragendem Online-Stadtführer auf Englisch oder Französisch.

In Deutschland
Marokkanisches Fremdenverkehrsamt
Graf-Adolf-Straße 59
40210 Düsseldorf
☎ (0211) 37 05 51/52
E-Mail: marokkofva@aol.com

ANREISE

Mit dem Flugzeug: Royal Air Maroc (Tel. 069 92 00 140; www.royalairmaroc.de) und Lufthansa haben **Nonstop-Flüge** nach Marokko im Angebot, Royal Air Maroc fliegt beispielsweise von Frankfurt **mit Zwischenstopp** in Casablanca weiter nach Marrakech. Die Billig-Airlines Air Berlin (www.AirBerlin.com), Ryanair (www.ryanair.com) und TuiFly (www.tuifly.de) bieten von verschiedenen Orten Flüge nach Marokko an. Easyjet (www.easyjet.com) fliegt auch ab Genf und Basel.
Flugzeiten: Direktflüge von Frankfurt nach Casablanca dauern ca. viereinhalb Stunden.

Mit dem Schiff: Mehrere Linienfähren verbinden Frankreich oder Spanien mit Marokko. **Preisgünstige Angebote** haben Trasmediterranea in Algeciras, Spanien (www.trasmediterranea.es) oder Companair (www.companair.co.ma). Mehrmals täglich verkehrt zwischen Algeciras und dem spanischen Ceuta eine **Autofähre** (90 Minuten), eine **Schnellfähre** (40 Minuten) oder ein **Katamaran** (30 Minuten). Passagiere ohne Auto fahren mit dem Bus zur marokkanischen Grenze und steigen dort in einen Bus zu ihrem endgültigen Reiseziel um.

Mit dem Auto: Sie können **von Spanien oder Frankreich** mit der Fähre übersetzen. Da die Pass- und Zollkontrollen zwischen Ceuta und Marokko lange dauern, empfiehlt es sich, Tanger anzusteuern.

ZEIT

L

In Marokko gilt die Westeuropäische Zeit (WEZ) ohne Umstellung auf die Sommerzeit: im Winter MEZ – 1 Stunde, im Sommer MEZ – 2 Stunden.

WÄHRUNG UND GELDWECHSEL

Währung: Marokkanische Dirham (MAD oder DH) können ausserhalb Marokkos nicht umgetauscht werden, nehmen Sie also Ihre Kreditkarte mit, um bei der Ankunft Geld abzuheben. Mit Travellerschecks müssen Sie Warteschlangen in Banken und schlechte Wechselkurse in Kauf nehmen. Beim Abflug können Sie nach der Passkontrolle nicht mehr mit Dirham bezahlen, auch nicht bei der nationalen marokkanischen Fluglinie.

Banken und Kreditkarten Um den Jemaa El Fna finden Sie zahlreiche Geldautomaten, ebenso in den meisten Banken. Stören Sie sich nicht an den Bettlern an den Automaten in der Medina. Kreditkarten werden in den meisten Hotels und Geschäften akzeptiert, aber für kleine Käufe in den Souks sollten Sie Bargeld bereithalten. Bei größeren Einkäufen akzeptiert der Verkäufer evtl. auch Ihre Kreditkarte.

Preise Die Kosten für Hotels und Essen gehen in Marrakech sind mit europäischen Preisen vergleichbar, besonders wenn Sie Alkoholika bestellen. Allerdings können Sie auch bei einem knappen Budget gut leben, wenn Sie in einem der guten und günstigen Hotels um den Jemaa El Fna wohnen und an den Imbissständen auf dem Platz essen oder Restaurants wählen, in denen auch Einheimische verkehren. Wenn Sie geschickt verhandeln, können Sie die Angebote im Internet in den Souks unterbieten.

In Österreich
Marokkanisches Fremdenverkehrsamt
Kärntner Ring 17/2/23
1010 Wien
☎ (01) 512 53 26
E-Mail: marokkotourismus@aon.at

In der Schweiz
Marokkanisches Fremdenverkehrsamt
Schifflände 5
8001 Zürich
☎ (044) 252 73 16
E-Mail: info@marokko.ch

DAS WICHTIGSTE VOR ORT

FEIERTAGE

Einige Feiertage orientieren sich am islamischen Mondkalender und verschieben sich jährlich (*).

1. Januar	Neujahr
11. Januar	Unabhängigkeitsmanifest
im Febr.	*Mouloud (Geburtstag des Propheten)
1. Mai	Tag der Arbeit
30. Juli	Fête du Thrône (Fest der Thronbesteigung)
Aug.	*Aïd El Fitr (Ende des Ramadan)
14. August	Fête Oued ed Dahab (Integration Westsahara)
20. August	Révolution du Roi et du Peuple (Revolutionstag des Königs und des Volkes)
21. August	Geburtstag von König Mohammed VI.
Okt.	*Aïd al-Adha (Opferfest)
Nov.	*Fatih Muharram (muslimisches Neujahr)
6. November	Marche Verte (Jahrestag des Grünen Marsches)
18. November	Fête de l'Indépendence (Unabhängigkeitstag)

ELEKTRIZITÄT

In Marokko beträgt die Spannung 220 Volt, in manchen Gegenden jedoch noch 110 Volt. Stecker haben zwei runde Stifte, wie sie auch in Europa gebräuchlich sind.

ÖFFNUNGSZEITEN

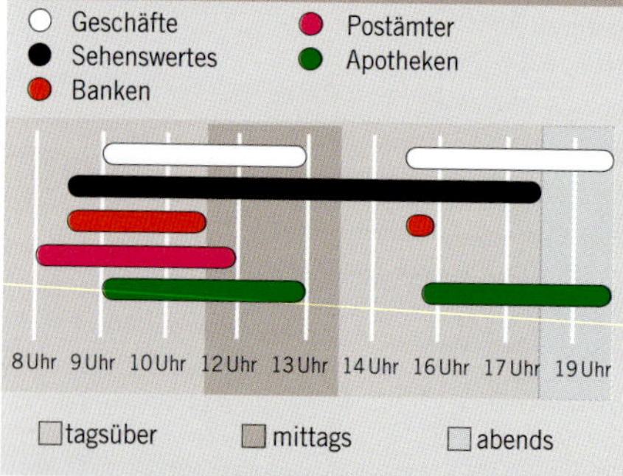

Geschäfte im Gewerbegebiet Sidi Ghanem und in der Neustadt haben wochentags über Mittag und sonntags geschlossen. Die Souks haben jeden Tag bis 21 Uhr oder länger geöffnet, sind allerdings Freitag morgens geschlossen – mittags oder an Sonntagen schließen sie nicht.

TRINKGELD

Hotels (falls exkl. Service)	10%
Restaurants (falls exkl. Service)	10–15%
Cafés/Bars	10%
Taxis	10%
Massage/Spa Bedienstete	5%
Portiers	Kleingeld
Führer	Kleingeld
Toiletten	Kleingeld

PARKEN

Achten Sie auf die Parkverbote. Falsch parkende Autos werden festgesetzt. Die öffentlichen Parkplätze werden oft von einem Parkplatzwärter überwacht, dem Sie ein Trinkgeld geben sollten.

ZEITUNTERSCHIED

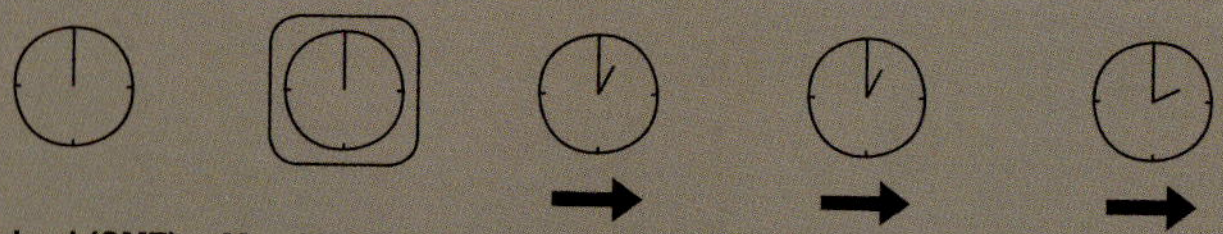

England (GMT)	Marokko (WEZ)	England (GMT)	Deutschland	Deutschland
12 Uhr (Winter)	12 Uhr	13 Uhr (Sommer)	13 Uhr (Winter)	14 Uhr (Sommer)

IN KONTAKT BLEIBEN

Post Die Hauptfiliale von Maroc Poste liegt am Place du 16 November in Guéliz in der Neustadt (Mo–Fr 8–16.15, Sa 8.30–12 Uhr). Wenn Sie mehr gekauft haben als Sie im Flugzeug nach Hause transportieren können, bietet Chronopost (Place du 16 Novembre, Guéliz; Tel. 0761 23 74 82; Mo–Sa 8–18.15 Uhr) einen Express-Paketversand. Briefmarken für Postkarten erhalten Sie auch bei den *tabacs* (Tabakgeschäften).

Öffentliche Telefone Auslandsgespräche sind von Hotels oder Riads häufig teuer. Für Anrufe ins Ausland ist es meist günstiger, eine der vielen Teleboutiquen in der Medina zu nutzen. Sie erkennen sie an den großen blau-weißen Schildern mit einem Telefon. Die Telefone nehmen 5- und 10-Dirham-Münzen an. Kleingeld erhalten Sie beim Personal. Außerdem können Sie die öffentlichen Telefonzellen nutzen. Dafür benötigen Sie eine Telefonkarte, die Sie in Postämtern und bei den *tabacs* erhalten. Öffentliche Telefonzellen sind vor allem in der Neustadt zahlreich und in der Regel funktionsfähig.

Mobiltelefone Der nationale Mobilfunkanbieter Maroc-Télécom und das Konkurrenzunternehmen Meditél haben beide Abkommen mit europäischen Netzwerken. Anrufe sind allerdings teurer als zu Hause, prüfen Sie also die Preise vor Ihrer Reise. Sie können auch eine Prepaid-Karte erwerben. Geschäfte finden Sie in der Nähe des Place du 16 Novembre in der Neustadt.

Vorwahlen Die Vorwahl für Auslandsgespräche von Marokko ist 00. Wenn Sie eine lokale Nummer in Marrakech wählen, müssen Sie ebenfalls die 0524 vorwählen. Beachten Sie, dass Mobiltelefonnummern jetzt eine zusätzliche 6 nach der führenden 0 haben. Für Anrufe aus dem Ausland nach Marokko lautet die internationale Vorwahl +212.

Internet Viele neue Cafés, Restaurants und Riads bieten kostenloses WiFi. Dies gilt vor allem für die Neustadt. In Guéliz gibt es zudem in der Gegend um die Rue de Bab Agnaou in der Nähe des Jemaa El Fna einige Internetcafés. Manchmal sind die Verbindungen langsam. Für die Nutzung zahlen Sie etwa 10 Dirham pro Stunde.

SICHERHEIT

- Dank der allgegenwärtigen zivilen Touristenpolizei, die hart gegen Täter vorgeht, ist Marrakech sehr sicher geworden.
- In der Medina kommt es in letzter Zeit vor allem nachts häufiger zu Belästigungen und Straftaten. Die Riad-Besitzer arrangieren für ihre Gäste einen Abholdienst vom Taxi zur Unterkunft.
- Achten Sie auf dem Jemaa El Fna abends auf Taschendiebe.
- Achten Sie auf Berichte zum Nahen Osten und zur restlichen arabischen Welt, die öffentliche Unruhen oder terroristische Anschläge auslösen könnten. Vermeiden Sie unter allen Umständen Demonstrationen und seien Sie vorsichtig.

KLEIDUNG UND SITTLICHES BENEHMEN

- Die Medina ist nicht mehr so konservativ wie früher. Männer und Frauen sollten trotzdem T-Shirts mit halbem Arm oder langärmlige Oberteile tragen; Frauen sollten Hosen tragen oder Röcke, die bis über die Knie reichen.
- Wenn Sie Schuhe mit hohem Absatz tragen möchten, nehmen Sie die Schuhe in einer Tasche mit und ziehen Sie sie vor Ort an – die Straßen sind sehr uneben.
- Nehmen Sie für den Abend einen Pullover mit. Auch an heißen Tagen kann es abends sehr kühl werden.

POLIZEI 19

TOURISTEN POLIZEI 0524 38 46 01

FEUERWEHR 15

KRANKENWAGEN 0524 44 37 24

GESUNDHEIT

Krankenversicherung: Vergewissern Sie sich, dass Ihre Kankenversicherung für die Behandlung in Marokko aufkommt und im Notfall Ihren Heimflug übernimmt. Eine Auslandskrankenversicherung ist wichtig. In größeren marokkanischen Städten stehen gut ausgebildete Ärzte zur Verfügung. Die Notfallversorgung in staatlichen Krankenhäusern ist kostenlos.

(Zahn-)Ärzte Falls nötig, sollten Sie sich von Ihrem Hotel einen privaten Zahnarzt *(dentiste)* oder Allgemeinmediziner *(médecin généraliste, GP)* empfehlen lassen.
Die besten Krankenhäuser in Marrakech sind das Ibn Tufayl (Tel. 0524 43 80 11) und die Polyclinique du Sud in Guéliz (Tel. 0524 44 79 99). Ausländer werden bei Unfällen und Notfällen immer in die Polyclinique la Koutoubia (Tel. 0524 43 85 85) in Hivernage gebracht. Es wird Arabisch und Französisch gesprochen, aber kaum Englisch oder Deutsch. Nehmen Sie Ihre Versicherungsdaten und Bargeld mit.

Medikamente: Nehmen Sie Kopien Ihrer Rezepte mit. In den Apotheken erhalten Sie die meisten Medikamente günstiger als in Europa und ohne Rezept. Bei ernsteren Erkrankungen sollten Sie aber in jedem Fall einen Arzt aufsuchen.

Trinkwasser: Unabgekochtes Leitungswasser kann zu Magenproblemen führen. Kaufen Sie Wasserflaschen und trinken Sie ausreichend.

KINDER

Die Medina ist vielleicht kein idealer Ort für sehr kleine Kinder. Es gibt hier für sie kaum etwas Interessantes zu sehen und mit einem Buggy ist das Vorwärtskommen schwierig. In der Regel lieben Kinder aber das geschäftige Treiben und die vielen neuen Eindrücke für alle Sinne. Die engen Riads der Medina sind für Familien nicht empfehlenswert. Mit Kindern sollten Sie sich in einem der größeren Hotels in der Neustadt eine Unterkunft suchen. Sie sind geräumiger und haben meist einen Pool. Buchen Sie eines der Hotels in der Neustadt und unternehmen Sie nur kurze Spaziergänge in die Medina, besser sind Ausflüge in die Berge oder ans Meer (► 140, Ausflüge).

EINRICHTUNGEN FÜR BEHINDERTE

Spezielle Einrichtungen für Reisende mit Behinderungen gibt es in Marokko kaum und die Medina ist kein einfaches Pflaster. Die Marokkaner sind in der Regel hilfsbereit, doch sind Hotels, öffentliche Verkehrsmittel und Sehenswürdigkeiten meist nicht behindertengerecht konzipiert. Die Vielzahl der neueren Hotels ist weitaus besser ausgestattet. Wenden Sie sich vor der Buchung Ihrer Reise an Ihr Reisebüro oder Ihr Hotel.

TOILETTEN

Es gibt keine öffentlichen Toiletten, aber man kann die Toiletten der meisten Cafés und Restaurants benutzen. Achten Sie darauf, Trinkgeld zu geben, wenn es dort einen Bediensteten gibt, es ist womöglich sein einziger Lohn. Eigenes Klopapier dabeizuhaben schadet nicht. Es fehlt oft, weil Einheimische stattdessen Wasser benutzen. »Où sont les toilettes?« heißt »Wo sind die Toiletten?«

ZOLL

Zollfrei eingeführt werden dürfen: 1 l Alkohol (Wein oder Spirituosen), 200 Zigaretten/50 Zigarillos/25 Zigarren; 150 ml Parfüm/250 ml Eau de Cologne.

BOTSCHAFTEN UND KONSULATE

Deutschland (Rabat)
☎ (0537) 21 86 00
Fax: (0537) 70 68 51
www.rabat-diplo.de

Österreich (Rabat)
☎ (0537) 76 40 03
Fax: (0537) 76 54 25
www.aussenministerium.at/rabat

Schweiz (Rabat)
☎ (0537) 26 80 30
Fax: (0537) 26 80 40

IMMER ZU GEBRAUCHEN

Das marokkanische Arabisch unterscheidet sich deutlich vom klassischen, außerdem werden hier drei Berberdialekte gesprochen. Einige Marokkaner sprechen fließend mehrere Sprachen. Im Folgenden sind die Wörter ansatzweise in phonetischer Umschrift wiedergegeben; eine exakte Aussprache ist damit allerdings noch nicht möglich. Wörter oder Buchstaben in Klammern geben die Formen an, die für weibliche Sprecher gelten.

IMMER ZU GEBRAUCHEN	ARABISCH	FRANZÖSISCH
Sprechen Sie English?	**Itkelim Ingleezi?**	*Vous parlez anglais?*
Ich verstehe nicht	**Mafhemsh**	*Je ne comprends pas*
Ja / Nein	**eeyeh, naam / la**	*oui / non*
Guten Tag (zu Muslimen)	**Es Salaam alaykum**	*bonjour*
Als Antwort (von Muslimen)	**wa alaykum salaam**	
Guten Tag (zwanglos)	**La bes**	*bonjour*
Als Antwort (zwanglos)	**bikheer**	
Guten Abend	**msaa elkheer**	*bonsoir*
Auf Wiedersehen	**bislemah**	*au revoir*
Bitte	**min fadlak (fadlik)/afek**	*s'il vous plaît*
Danke	**shukran**	*merci*
Verzeihung	**Lau samaht**	*Excusez-moi*
So Gott will, hoffentlich	**Inshallah**	

UNTERWEGS	ARABISCH	FRANZÖSISCH
Ich habe die Orientierung verloren	**Ana T'left**	*Je suis perdu*
Wo ist …?	**Feyn...?**	*Où se trouve…?*
Moschee	**gaama; masjid**	*la mosquée*
Nah / fern	**qurayib / baeed**	*près / loin*
Links / rechts	**liseer / limeen**	*à gauche / à droite*
geradeaus	**neeshan**	*tout droit*
Wie viele Kilometer?	**Kam kilomet?**	*Combien de kilomètres?*

NOTFALL!	ARABISCH	FRANZÖSISCH
Apotheke	**farmasie**	*la pharmacie*
Krankenhaus	**mustashfa**	*la clinique/ l'hôpital*
Arzt	**tabeeb**	*le médecin*
Medikament	**dawa'a**	*le médicament*
Schmerz	**alam**	*la douleur*
Es tut weh… hier	**Y'allimni**	*j'ai mal… içi*
Durchfall	**is'hal**	*la diarrhée*
Schwindel	**dawsah**	*le vertige*

RESTAURANT	ARABISCH	FRANZÖSISCH
Restaurant	**mataam**	*le restaurant*
Frühstück	**iftar**	*le petit déjeuner*
Mittagessen	**ghaada**	*le déjeuner*
Abendessen	**asha'a**	*le dîner*
Eier	**beydh**	*les oeufs*
Brot	**khobz**	*le pain*
Butter	**zibda**	*le beurre*
Kaffee	**kahwa**	*le café*

Fleisch	**leham**	*la viande*
Fisch	**samak**	*le poisson*
Hühnchen	**dajaj**	*le poulet*
Ich möchte … essen	**B'ghit akul …**	*je voudrais manger …*

EINKAUFEN	ARABISCH	FRANZÖSISCH
Markt	**souk**	*le marché*
Das ist teuer	**Innahoo ghalee**	*C'est cher*
Wie viel macht das?	**Kam si'ruh hatha?**	*C'est combien?*
In einer anderen Farbe?	**Lawnan akhar?**	*Une autre couleur?*
Wo ist der Spiegel?	**Aynal mir'ah?**	*Où est le miroir?*
genug	**kafee**	*assez*
geöffnet	**mahlul**	*ouvert*
geschlossen	**mahdud**	*fermé*

ZAHLEN	ARABISCH	FRANZÖSISCH
0	**sifr**	*zéro*
1 / der/die Erste	**waahid / al'awwal**	*un / premier*
2 / der/die Zweite	**ithnayn or zuz / athaanee**	*deux / deuxième*
3 / der/die Dritte	**talata / ataalith**	*trois / troisième*
4	**arbaa**	*quatre*
5	**khamsah**	*cinq*
6	**sitta**	*six*
7	**sabbah**	*sept*
8	**tamaniyah**	*huit*
9	**tissah**	*neuf*
10	**asharah**	*dix*
100	**miyyah**	*cent*
200	**miyyatayn**	*deux cent*
2000	**alfayn**	*deux-mille*

GLOSSAR

Arabesque Geometrisches und florales Ornament mit Schrift
Bab Tor in der Stadtmauer
Babouche Traditionelle Pantoffeln aus Leder
Berber Die Ureinwohner von Marokko und Nordafrika
Borj Fort, Turm
Caid Distriktsverwalter
Calèche Kutsche
Jellaba von Frauen und Männern getragener Umhang mit Kapuze
Djemaa/jamaa Moschee
Dar Haus
Ensemble Artisanal Staatliches Geschäft mit Festpreisen
Fondouk Herberge
Haik Traditioneller Schleier
Hamam Dampfbad, normalerweise in der Nähe der Moscheen für Waschungen vor dem Gebet
Kasbah Befestigtes Dorf
Koran (Qu'ran) Heiliges Buch der Muslime
Koubba Grab eines Heiligen/Kuppelbau
Makhzen Regierung
Maristan(Islamisches) Krankenhaus
Medersa Koranschule
Medina Altstadt
Mellah Jüdisches Viertel
Midan Platz
Minarett Schlanker Turm an einer Moschee
Minzah Garten in alten marokkanischen Häusern
Moulay Nachkomme Mohammeds, Titel marokkanischer Sultane
Mouloud Geburtstag des Propheten
Moussem Wallfahrt und Feier zu Ehren eines muslimischen Heiligen
Mstani Christ
Oud Marokkanische Musik
Oued Fluss oder Flussbett
Pisé Baumaterial aus gepresstem Lehm und Steinen aus dem Flussbett
Ramadan Islamischer Fastenmonat
Ras Quelle
Sahn Hof einer Moschee
Sawiris Einwohner von Essaouira
Sharia Straße
Shereef Nachfolger Mohammeds
Souk Straßenmarkt, Basar
Tizi Pass

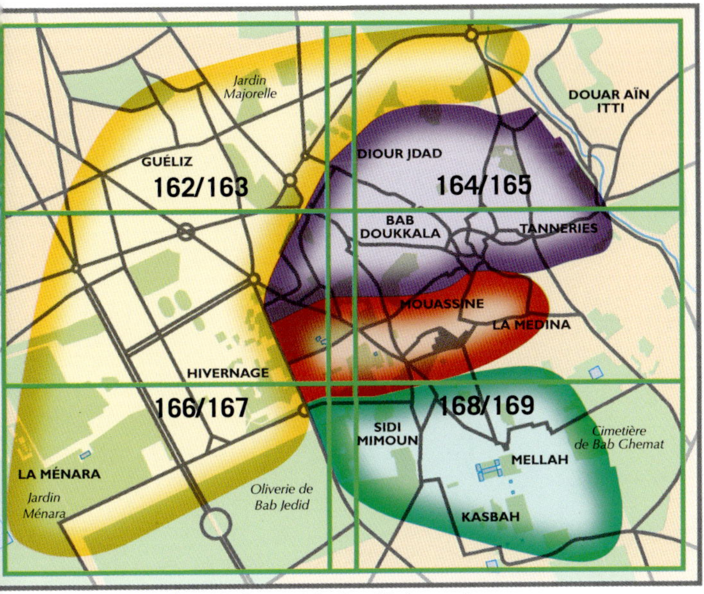

Kapiteleinteilung: siehe Übersichtskarte auf der Umschlaginnenseite

Legende

Hauptstraße	Sehenswürdigkeit
Nebenstraße	Moschee
Seitenstaße	Brunnen
Gasse	Synagoge
Eisenbahn	Souks
Stadtmauer	Wichtiges Gebäude
	Park

162–169 0 — 500 Meter

Cityplan

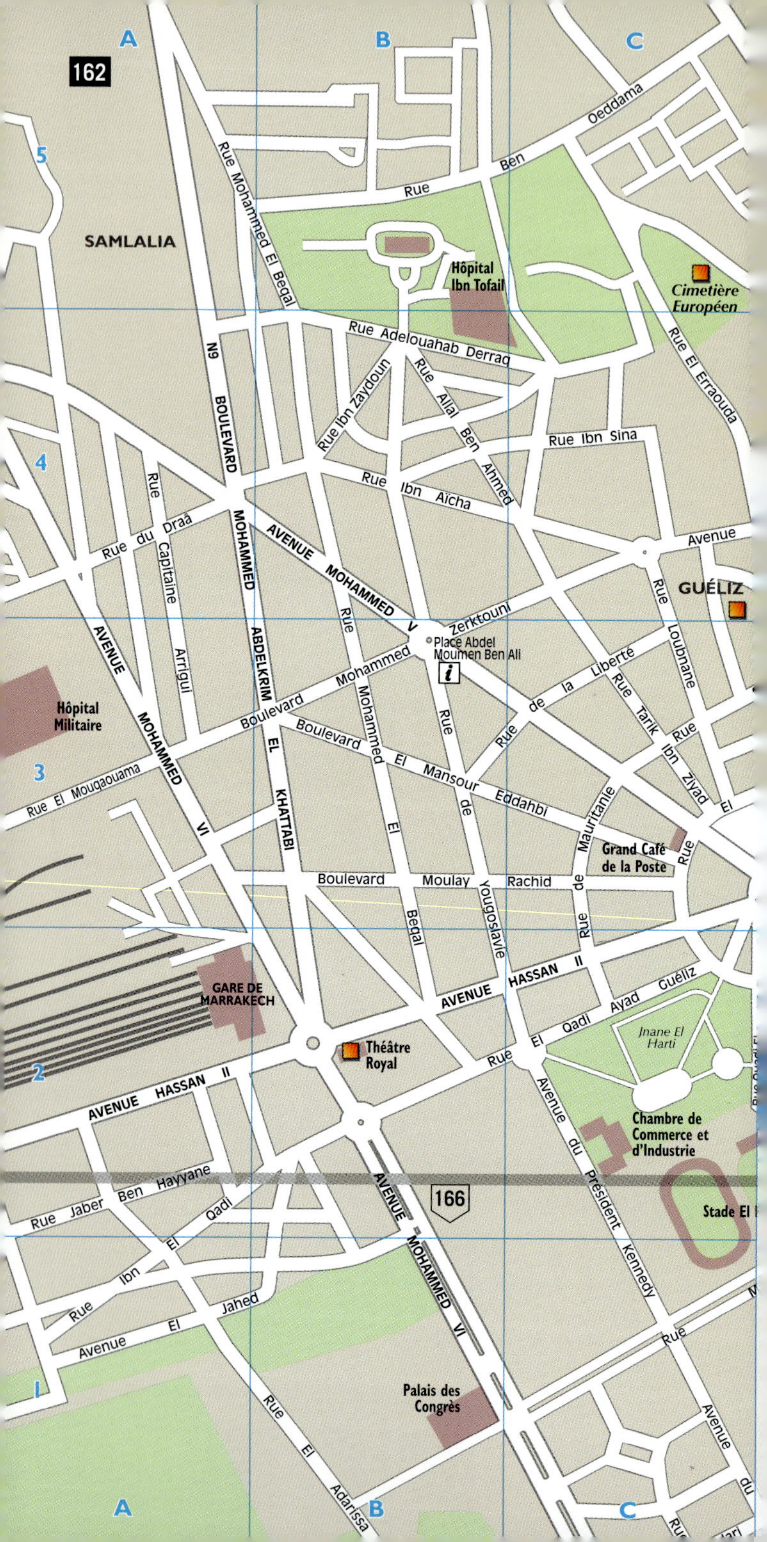
A
B
C
5
4
3
2
1
SAMLALIA
Hôpital Ibn Tofail
Cimetière Européen
GUÉLIZ
Place Abdel Moumen Ben Ali
Hôpital Militaire
Grand Café de la Poste
GARE DE MARRAKECH
Théâtre Royal
Jnane El Harti
Chambre de Commerce et d'Industrie
Stade El
Palais des Congrès
166
Rue Mohammed El Begal
Rue Ben Oeddama
Rue Adelouahab Derraq
Rue El Erraouda
Rue Ibn Zaydoun
Rue Allal Ben Ahmed
Rue Ibn Sina
Rue Ibn Aïcha
N9 BOULEVARD MOHAMMED ABDELKRIM EL KHATTABI
AVENUE MOHAMMED V
Avenue Zerktouni
Rue du Draâ
Rue Capitaine Arrigui
AVENUE MOHAMMED VI
Rue Mohammed El Begal
Boulevard Mohammed
Rue Loubnane
Rue de la Liberté
Rue Tarik Ibn Ziyad
Rue El
Rue Yougoslavie
Rue de Mauritanie
Boulevard El Mansour Eddahbi
Rue El Mougaouama
Boulevard Moulay Rachid
AVENUE HASSAN II
Rue El Qadi Ayad Guéliz
Avenue du Président Kennedy
Rue Jaber Ben Hayyane
Rue Ibn El Qadi
Avenue El Jahed
Rue El Adarissa
Rue
Avenue du

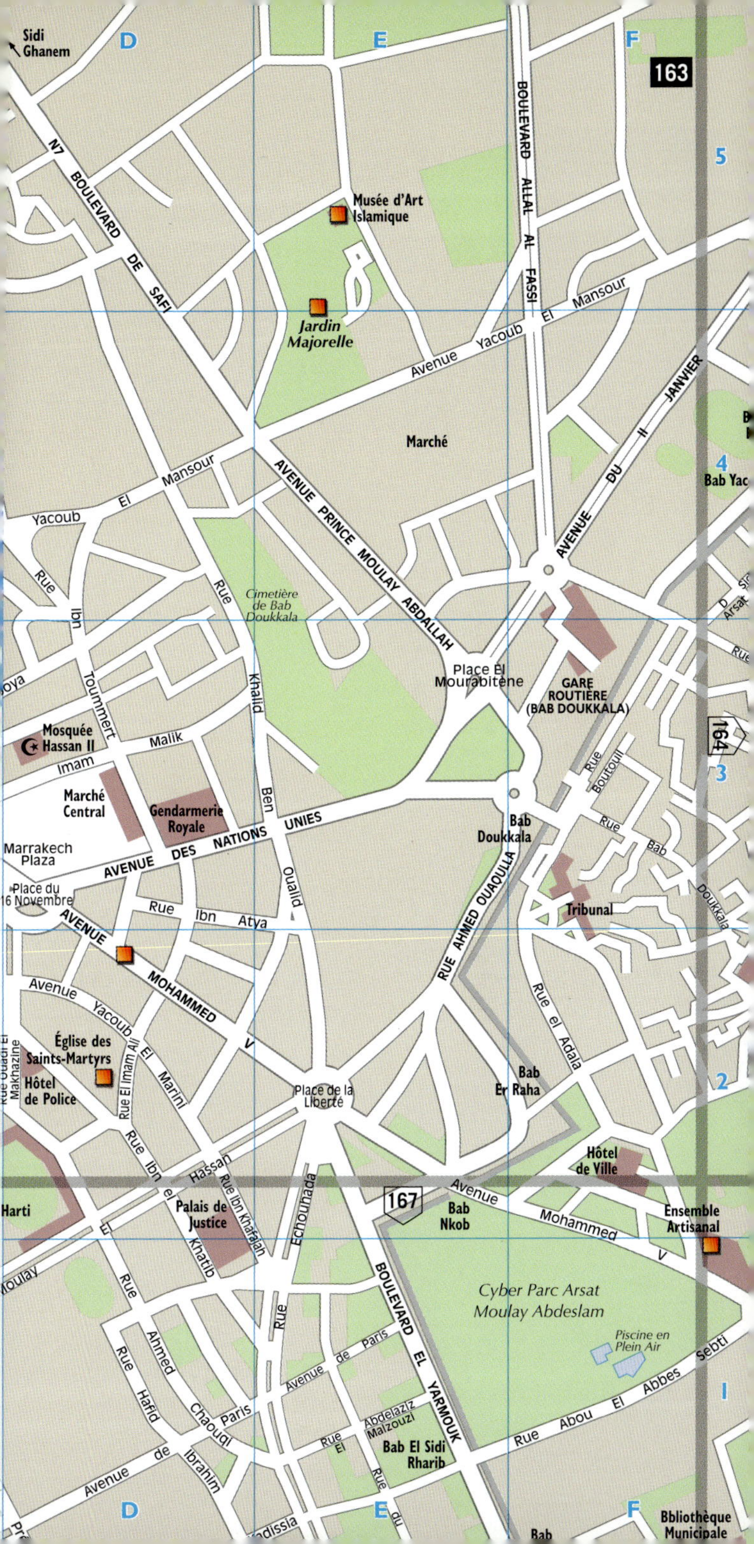
Sidi Ghanem
D
E
F
5
4
3
2
1
N7
BOULEVARD DE SAFI
Musée d'Art Islamique
Jardin Majorelle
BOULEVARD ALLAL AL FASSI
Avenue Yacoub El Mansour
Marché
AVENUE DU II JANVIER
Bab Yac
AVENUE PRINCE MOULAY ABDALLAH
Yacoub El Mansour
Rue Ibn Toummert
Rue Khalid Ben Oualid
Cimetière de Bab Doukkala
Place El Mourabitène
GARE ROUTIÈRE (BAB DOUKKALA)
164
Mosquée Hassan II
Imam Malik
Marché Central
Gendarmerie Royale
AVENUE DES NATIONS UNIES
Bab Doukkala
Rue Boutouil
Rue Bab Doukkala
Marrakech Plaza
Place du 16 Novembre
Rue Ibn Atya
RUE AHMED OUAOULLA
Tribunal
AVENUE MOHAMMED V
Avenue Yacoub El Marini
Rue el Adala
Église des Saints-Martyrs
Hôtel de Police
Rue Oued El Makhazine
Rue El Imam Ali
Place de la Liberté
Bab Er Raha
Rue Ibn el Khatib
Hassan
Rue Ibn Khaldoun
Harti
Palais de Justice
Echouhada
167
Avenue Mohammed V
Bab Nkob
Hôtel de Ville
Ensemble Artisanal
Moulay
Rue Ahmed
Rue Hafid
Rue Chaouqi
Rue Ibrahim
BOULEVARD EL YARMOUK
Cyber Parc Arsat Moulay Abdeslam
Piscine en Plein Air
Avenue de Paris
Rue Abou El Abbes Sebti
Rue El Abdelaziz Malzouzi
Bab El Sidi Rharib
Avenue de
Bab
Bibliothèque Municipale

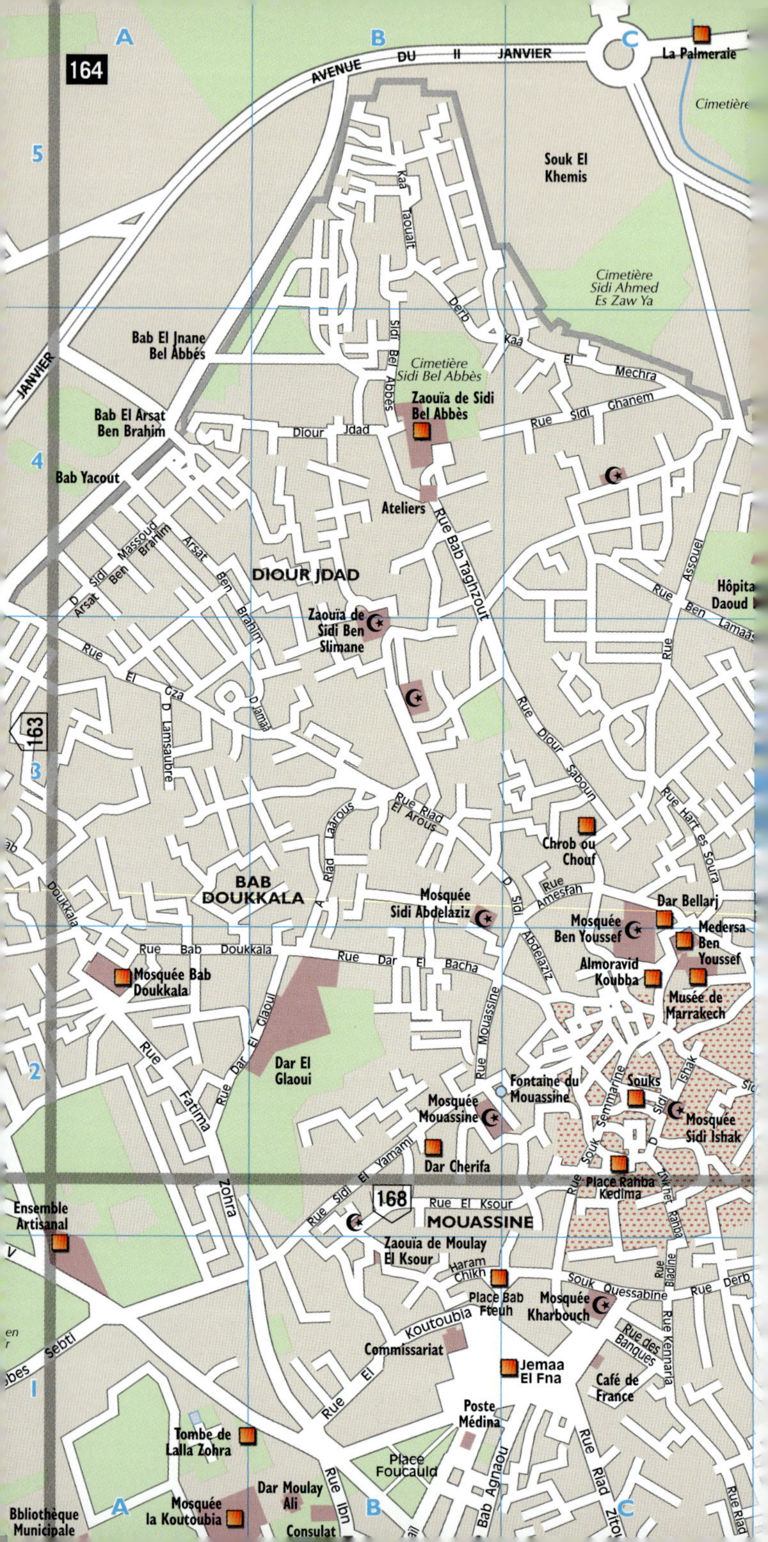
164
A
B
C
5
4
3
2
1
Avenue du II Janvier
Janvier
La Palmeraie
Cimetière
Souk El Khemis
Kaa Taoualt
Cimetière Sidi Ahmed Es Zaw Ya
Derb
Kaa
El
Mechra
Bab El Jnane Bel Abbès
Sidi Bel Abbès
Cimetière Sidi Bel Abbès
Zaouïa de Sidi Bel Abbès
Rue Sidi Ghanem
Bab El Arsat Ben Brahim
Diour Jdad
Bab Yacout
Ateliers
Rue Bab Taghzout
D Sidi Massoud
Arsat Ben Brahim
D Arsat
DIOUR JDAD
Zaouïa de Sidi Ben Slimane
Rue Assouel
Rue Ben Lamaas
Hôpital Daoud
Rue El Gza
D Lamsaubre
D Jamaa
163
Rue Diour Saboun
Rue Riad El Arous
Riad Laarous
Chrob ou Chouf
Rue Hart es Soura
BAB DOUKKALA
Doukkala
Rue Amesfah
D Sidi Abdelaziz
Mosquée Sidi Abdelaziz
Dar Bellarj
Mosquée Ben Youssef
Medersa Ben Youssef
Rue Bab Doukkala
Rue Dar El Bacha
Mosquée Bab Doukkala
Almoravid Koubba
Musée de Marrakech
Rue Mouassine
Rue Dar El Glaoui
Dar El Glaoui
Rue Fatima
Fontaine du Mouassine
Souks
Souk Semmarine
D Sidi Ishak
Mosquée Mouassine
Mosquée Sidi Ishak
Rue Sidi El Yamami
Dar Cherifa
Zohra
Place Rahba Kedima
Zahbet Rahba
Ensemble Artisanal
168
Rue El Ksour
MOUASSINE
Zaouïa de Moulay El Ksour
Haram Chikh
Rue Bladine
Souk Quessabine
Rue Derb
Place Bab Fteuh
Mosquée Kharbouch
Koutoubia
Rue des Banques
Rue Kennaria
Sebti
Commissariat
Jemaa El Fna
Rue El
Café de France
Poste Médina
Tombe de Lalla Zohra
Place Foucauld
Rue Riad Zitoun
Dar Moulay Ali
Rue Ibn
Bab Agnaou
Bbliothèque Municipale
Mosquée la Koutoubia
Consulat
Rue Riad

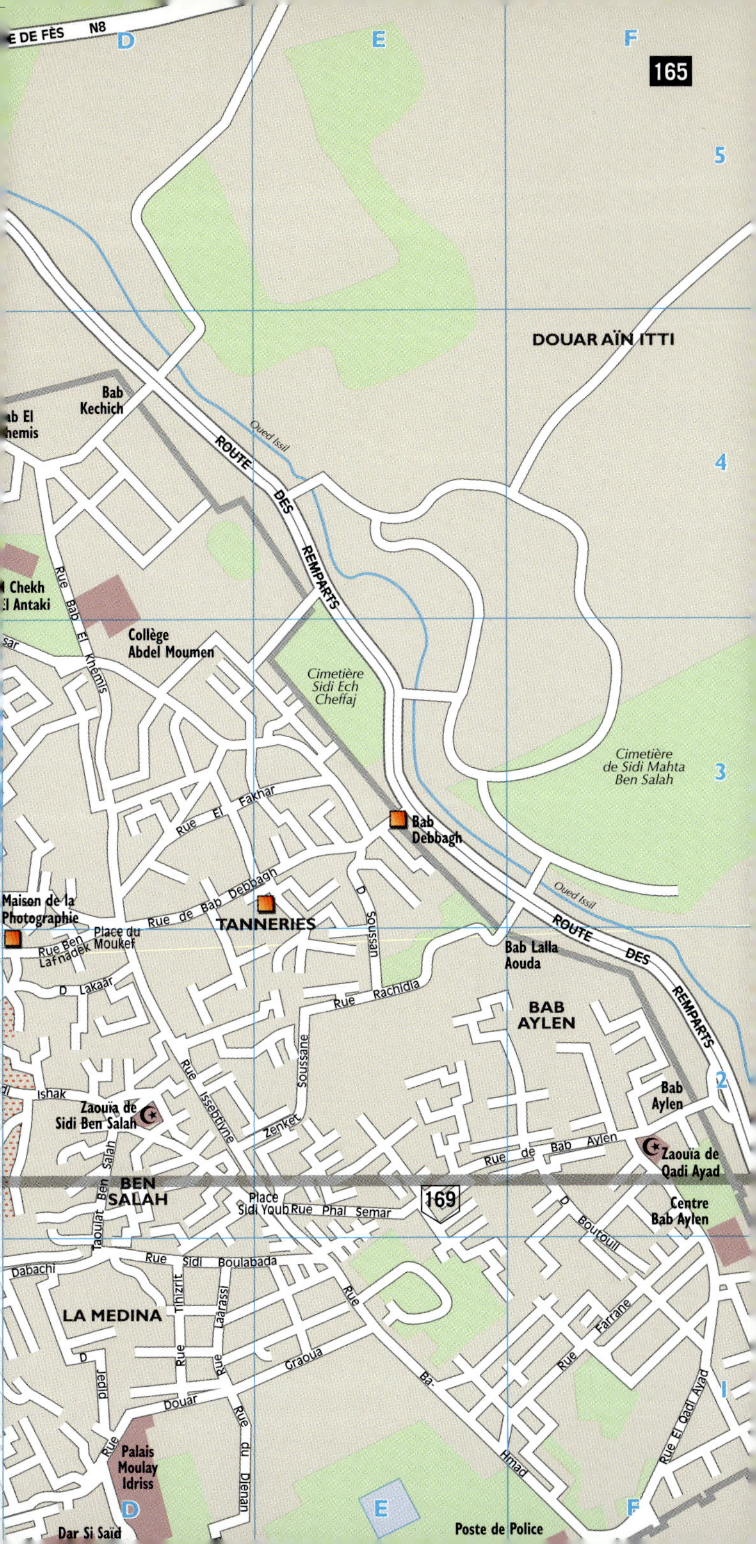
E DE FÈS
N8
D
E
F
5
4
3
2
1
DOUAR AÏN ITTI
Bab Kechich
ab El hemis
Oued Issil
ROUTE DES REMPARTS
Chekh El Antaki
Rue Bab El Khemis
Collège Abdel Moumen
Cimetière Sidi Ech Cheffaj
Cimetière de Sidi Mahta Ben Salah
Rue El Fakhar
Bab Debbagh
Rue de Bab Debbagh
Maison de la Photographie
TANNERIES
Place du Moukef
Rue Ben Lafnadek
D Soussan
Bab Lalla Aouda
D Lakaar
Rue Rachidia
BAB AYLEN
Soussane
Rue Issebtiyne
Ishak
Zaouïa de Sidi Ben Salah
Zenket
Bab Aylen
Rue de Bab Aylen
Zaouïa de Qadi Ayad
BEN SALAH
Taoulat Ben Salah
Place Sidi Youb
Rue Phal Semar
169
Centre Bab Aylen
D Boutouil
Dabachi
Rue Sidi Boulabada
LA MEDINA
Tihizrit
Laarassi
Rue
Farrane
Graoua
D Jedid
Douar
Rue du Dienan
Ba. Hmad
Rue El Qadi Ayad
Palais Moulay Idriss
Dar Si Saïd
Poste de Police

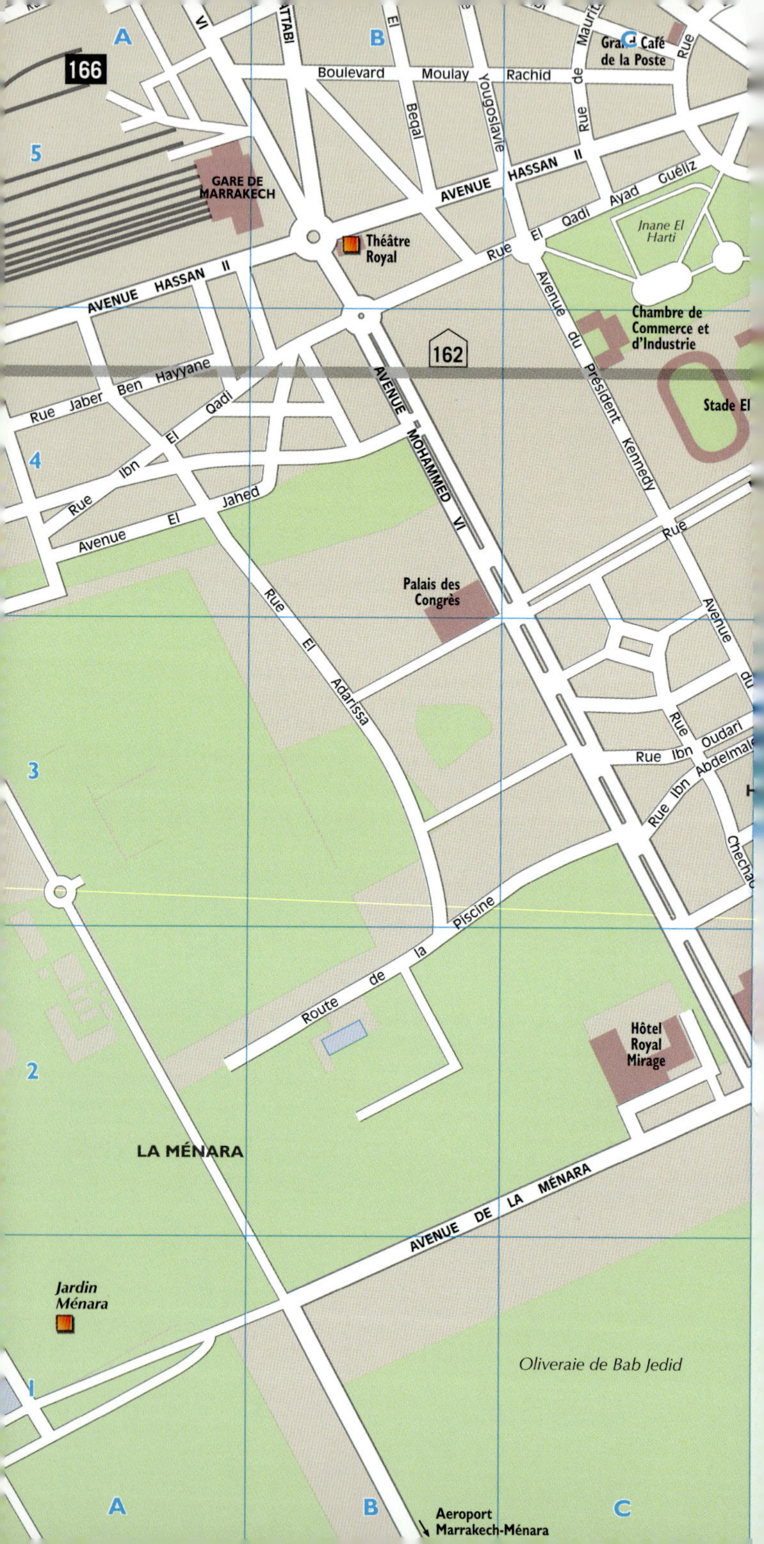
A
B
C
5
4
3
2
Boulevard Moulay Rachid
Yougoslavie
Beqal
Rue de Mauritanie
Grand Café de la Poste
GARE DE MARRAKECH
AVENUE HASSAN II
Théâtre Royal
Rue El Qadi Ayad Guéliz
Jnane El Harti
Chambre de Commerce et d'Industrie
162
Stade El
Avenue du President Kennedy
AVENUE MOHAMMED VI
Rue Jaber Ben Hayyane
Rue Ibn El Qadi
Avenue El Jahed
Rue
Palais des Congrès
Rue El Adarissa
Avenue du
Rue Ibn Oudari
Rue Ibn Abdelmalek
Chechaouen
Route de la Piscine
Hôtel Royal Mirage
LA MÉNARA
AVENUE DE LA MÉNARA
Jardin Ménara
Oliveraie de Bab Jedid
Aeroport Marrakech-Ménara

167
Central
Gendarmerie Royale
arrakech Plaza
Place du Novembre
Avenue des Nations Unies
Oualid
Bab Doukkala
Rue Bab Doukkala
Tribunal
Rue Ibn Atya
Avenue Mohammed V
Rue Ahmed Ouaquilla
Avenue Yacoub El Marini
Église des Saints-Martyrs
Maknazine
Hôtel de Police
Rue El Imam Ali
Place de la Liberté
Rue el Adala
Bab Er Raha
Hôtel de Ville
163
Rue Ibn el Hassan
Palais de Justice
Rue Ibn Khatib
Rue Ibn Khafajah
Rue Echounada
Avenue Mohammed V
Bab Nkob
Ensemble Artisanal
arti
oulay
El
Boulevard El Yarmouk
Cyber Parc Arsat Moulay Abdeslam
Piscine en Plein Air
Rue Ahmed Chaouqi
Rue Hafid Ibrahim
Avenue de Paris
Rue Abdelaziz El Malzouzi
Rue Abou El Abbes Sebti
Bab El Sidi Rharib
168
Bbliothèque Municipale
Avenue de
Président Kennedy
Kadissia
Rue du Temple
Bab Makhzen
HIVERNAGE
Avenue El
Rue Ibrahim El Mazini
Rue Haroun Errachid
Avenue Houmm
Casino Municipal
Bab Jedid
Grand Casino La Mamounia
La Mamounia
Hôtel Le Méridien N'Fis
Avenue de la Ménara
Avenue Bab Jedid
Avenue Mohammed VI
Oliveraie de Bab Jedid
D
E
F
1
2
3
4
5

A
B
C
BAB DOUKKALA
Mosquée Bab Doukkala
Rue Bab Doukkala
Rue Dar El Bacha
Mosquée Sidi Abdelaziz
Chrob ou Chouf
Rue Amesfah
Dar Bellarj
Mosquée Ben Youssef
Medersa Ben Youssef
Almoravid Koubba
Musée de Marrakech
Dar El Glaoui
Rue Dar El Glaoui
Rue Fatima Zohra
Rue Mouassine
Fontaine du Mouassine
Mosquée Mouassine
Dar Cherifa
164
Souks
Mosquée Sidi Ishak
Souk Semmarine
Place Rahba Kedima
Rue Rahba Kedima
Rue Sidi El Yamami
Rue El Ksour
MOUASSINE
Zaouïa de Moulay El Ksour
Haram Chikh
Place Bab Fteuh
Mosquée Kharbouch
Souk Quessabine
Rue Bladine
Rue Kennaria
Rue des Banques
Ensemble Artisanal
Rue El Koutoubia
Commissariat
Jemaa El Fna
Café de France
Poste Médina
Tombe de Lalla Zohra
Place Foucauld
167
Bibliothèque Municipale
Mosquée la Koutoubia
Dar Moulay Ali
Consulat de France
Rue Ibn Khaldoun
Rue Moulay Ismail
Rue de Bab Agnaou
Rue Riad Zitoun El Kedim
Rue Riad Zitoun
Riads Zitoun
Jardins de la Koutoubia
Avenue Houmman El Fetouaki
Place Youssef Ben Tachfine
La Mamounia
Rue Lalla Rikia
Rue Ben Naffie
Rue Ibn Rachid
Mausolé Youssef Ben Tachfine
SIDI MIMOUN
Rue Sidi Mimoun
Place des Ferblantiers
Rue Arset El Maâch
Bab Berrima
Palais El Badii
Hôpital Ibn Zohr
Bab Agnaou
Mosquée de la Kasbah
Bab Er Rob
Tombeaux Saadiens
Zaouïa de Sidi Es Soheïli
Rue de la Kasbah
Centre Artisanal
Cimetière de Sidi Es Soheïli
ROUTE D'ASNI ET TAROUDANNT
ROUTE DE L'OURIKA
KASBAH
Arsat el Bab Er Rob
Rue du Mechouar
(ROUTE SECONDAIRE) N501
N513 (ROUTE SECONDAIRE)
5
4
3
2
1

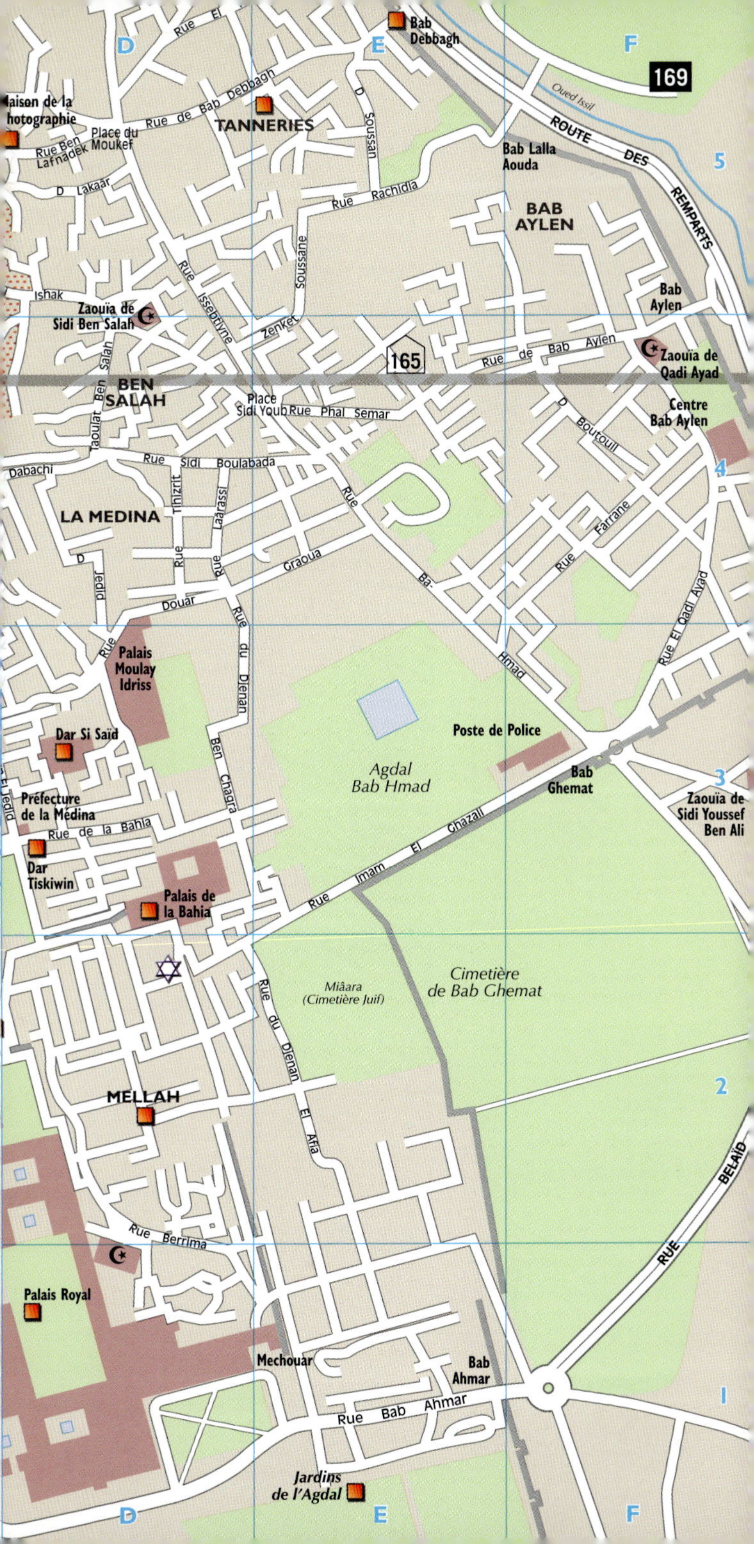

D
E
F
Bab Debbagh
Rue El
Maison de la Photographie
Rue de Bab Debbagh
TANNERIES
Place du Moukef
Rue Ben Lafnadek
D Lakaar
D Soussan
Oued Issil
ROUTE DES REMPARTS
Bab Lalla Aouda
5
Rue Rachidia
BAB AYLEN
Soussane
Rue Issebtiyine
Ishak
Zaouïa de Sidi Ben Salah
Zenket
Bab Aylen
Rue de Bab Aylen
165
Zaouïa de Qadi Ayad
Salah
Ben
Taoulat
BEN SALAH
Place Sidi Youb
Rue Phal Semar
D Boutouil
Centre Bab Aylen
Dabachi
Rue Sidi Boulabada
4
LA MEDINA
Tihizrit
Laarassi
Rue
Farrane
Rue
Rue
Graoua
Rue Ba-Hmad
D Jedid
Douar
Rue El Qadi Ayad
Rue du Dienan
Rue
Palais Moulay Idriss
Dar Si Saïd
Poste de Police
Agdal Bab Hmad
Ben Chagra
Bab Ghemat
3
Zaouïa de Sidi Youssef Ben Ali
El Jedid
Préfecture de la Médina
Rue de la Bahia
Rue Imam El Ghazali
Dar Tiskiwin
Palais de la Bahia
Rue du Dienan
Miâara (Cimetière Juif)
Cimetière de Bab Ghemat
2
MELLAH
El Afia
RUE BELAID
Rue Berrima
Palais Royal
Mechouar
Bab Ahmar
Rue Bab Ahmar
1
Jardins de l'Agdal
D
E
F

Abbildungsnachweis

Die Automobile Association bedankt sich bei folgenden Fotografen und Agenturen für die freundliche Unterstützung bei der Realisierung dieses Buches.

Abkürzungen: (o) oben; (u) unten; (l) links; (r) rechts;
(AA) AA World Travel Library; (AM) Anna Mockford; (NB) Nick Bonetti.

Umschlag: (o/u) AA/P Kenward; **2i** AA/AM und NB; **2ii** AA/AM und NB; **2iii** AA/AM und NB; **2iv** AA/AM und NB; **2v** AA/AM und NB; **3i** AA/AM und NB; **3ii** AA/AM und NB; **3iii** AA/AM und NB; **5i** AA/AM und NB; **5m** AA/AM und NB; **5r** AA/AM und NB; **6** AA/AM und NB; **7u** Cate Gillion/Getty Images; **8** Mick Jagger, Marrakesh, 1967, Cecil Beaton (1904-1980), Courtesy of the Cecil Beaton Studio Archive at Sotheby's;
9 Everett Collection/Rex Features; **10/11** AA/AM und NB; **11m** AA/AM und NB; **11u** AA/AM und NB; **12o** AA/AM und NB; **12m** AA/AM und NB; **13** AA/AM und NB; **15ol** Chris Jackson/Getty Images; **15or** Ali Linh/AFP/Getty Images; **16** AA/AM und NB; **17ol** AA/AM und NB; **17or** AA/I Burgum; **18** AA/I Burgum; **19** AA/AM und NB; **20** AA/S McBride; **22** AA/S McBride; **23l** AA/AM und NB; **23r** Adam Woolfitt/Robert Harding; **24** Condé Nast Archive/Corbis; **24/25** AA/AM und NB; **25o** AA/AM und NB; **25m** Abdlhak Senna/AFP/Getty Images; **26l** © 2000 Hassan Hajjaj, courtesy of The Third Line Gallery; **26r** Courtesy of David Bloch Gallery; **27l** © 2010 Hassan Hajjaj, courtesy of Rose Issa Projects; **27m** © 2000 Hassan Hajjaj, courtesy of The Third Line Gallery; **27r** © 2000 Hassan Hajjaj; **28** AA/AM und NB; **29o** AA/AM und NB; **29u** AA/AM und NB; **30** AA/AM und NB; **31l** AA/AM und NB; **31m** AA/AM und NB; **31r** AA/AM und NB; **43l** AA/AM und NB; **43m** AA/AM und NB; **43r** AA/AM und NB; **44** AA/AM und NB; **45** AA/I Burgum; **46o** AA/S McBride; **46u** AA/AM und NB; **47** AA/AM und NB; **48** AA/AM und NB; **49** AA/AM und NB; **50** AA/S McBride; **51** AA/AM und NB; **52o** AA/AM und NB; **52u** AA/AM und NB; **53** AA/AM und NB; **54** AA/AM und NB; **55** AA/AM und NB; **56** AA/AM und NB; **57** AA/AM und NB; **59** AA/AM und NB;
65l AA/AM und NB; **65m** AA/AM und NB; **65r** AA/AM und NB; **66** AA/AM und NBl **67o** AA/AM und NB; **67u** AA/AM und NB; **68** AA/AM und NB; **70** La Mamounia Hotel; **71** AA/AM und NB; **72** AA/AM und NB; **73m** AA/AM und NB; **73u** AA/AM und NB; **74** AA/AM und NB; **75** AA/AM und NB;
76 AA/AM und NB; **77** AA/AM und NB; **78** AA/AM und NB; **80** AA/AM und NB; **81** AA/AM und NB;
82 AA/AM und NB; **83** AA/AM und NB; **84** AA/AM und NB; **85** AA/AM und NB; **91l** AA/AM und NB
91m AA/AM und NB; **91r** AA/AM und NB; **93** AA/AM und NB; **94** AA/AM und NB; **95** AA/AM und NB; **96** AA/AM und NB; **97** AA/AM und NB; **98** AA/AM und NB; **99** AA/AM und NB; **100** AA/AM und NB; **101** AA/AM und NB; **102** AA/AM und NB; **103** AA/AM und NB; **104** AA/AM und NB;
105 AA/AM und NB; **106** AA/AM und NB; **111l** AA/AM und NB; **111m** AA/AM und NB; **111r** AA/AM und NB; **113m** AA/AM und NB; **113u** AA/AM und NB; **114** AA/AM und NB; **115** AA/AM und NB; **117** AA/AM und NB; **118o** AA/AM und NB; **118u** AA/AM und NB; **119** AA/AM und NB;
120/121 AA/AM und NB; **123** AA/AM und NB; **129l** AA/AM und NB; **129m** AA/AM und NB;
129r AA/AM und NB; **130** AA/AM und NB; **131** AA/AM und NB; **132l** AA/AM und NB;
132r AA/AM und NB; **133** AA/AM und NB; **134** AA/AM und NB; **135** AA/AM und NB; **136** AA/AM und NB; **137** AA/AM und NB; **139l** AA/AM und NB; **139m** AA/AM und NB; **139r** AA/AM und NB;
141 AA/AM und NB; **143** AA/AM und NB; **144/145** AA/AM und NB; **145** AA/AM und NB; **146** AA/AM und NB; **147** AA/AM und NB; **148/149** AA/AM und NB; **150/151** AA/AM und NB; **152o** AA/AM und NB; **152u** AA/AM und NB; **153l** AA/AM und NB; **153m** AA/AM und NB; **153r** AA/AM und NB;
157o AA/AM und NB; **157u** AA/AM und NB

Der Verlag hat keine Mühen gescheut die Copyright-Inhaber zu ermitteln, dennoch möchte sich der Verlag für mögliche Fehler entschuldigen. Hinweise und Korrekturen sind jederzeit willkommen.

Leserbefragung

Ihre Ratschläge, Urteile und Empfehlungen sind für uns sehr wichtig. Wir bemühen uns, unsere Reiseführer ständig zu verbessern. Wenn Sie sich ein paar Minuten Zeit nehmen, diesen kleinen Fragebogen auszufüllen, könnten Sie uns sehr dabei helfen.

Wenn Sie diese Seite nicht herausreißen möchten, können Sie uns auch eine Kopie schicken, oder Sie notieren Ihre Hinweise einfach auf einem separaten Blatt.

Bitte senden Sie Ihre Antwort an:
NATIONAL GEOGRAPHIC SPIRALLO-REISEFÜHRER, MAIRDUMONT GmbH & CO. KG,
Postfach 31 51, D-73751 Ostfildern
E-Mail: spirallo@nationalgeographic.de

Über dieses Buch …

NATIONAL GEOGRAPHIC SPIRALLO-REISEFÜHRER MARRAKECH

Wo haben Sie das Buch gekauft? ______________________

Wann? Monat / Jahr

Warum haben Sie sich für einen Titel dieser Reihe entschieden? ______________________

Wie fanden Sie das Buch ?

Hervorragend ☐ **Genau richtig** ☐ **Weitgehend gelungen** ☐ **Enttäuschend** ☐

Können Sie uns Gründe angeben?

Bitte umblättern …

Hat Ihnen etwas an diesem Führer ganz besonders gut gefallen?

Was hätten wir besser machen können?

Persönliche Angaben

Name

Adresse

Zu welcher Altersgruppe gehören Sie?

Unter 25 ☐ 25–34 ☐ 35–44 ☐ 45–54 ☐ 55–64 ☐ Über 65 ☐

Wie oft im Jahr fahren Sie in Urlaub?
Seltener als einmal ☐ Einmal ☐ Zweimal ☐ Dreimal oder öfter ☐

Wie sind Sie verreist?
Allein ☐ Mit Partner ☐ Mit Freunden ☐ Mit Familie ☐

Wie alt sind Ihre Kinder? _____

Über Ihre Reise ...

Wann haben Sie die Reise gebucht? Monat / Jahr

Wann sind Sie verreist? Monat / Jahr

Wie lange waren Sie verreist?

War es eine Urlaubsreise oder ein beruflicher Aufenthalt?

Haben Sie noch weitere Reiseführer gekauft? ☐ Ja ☐ Nein

Wenn ja, welche?

Herzlichen Dank dafür, dass Sie sich die Zeit genommen haben, diesen Fragebogen auszufüllen.